Das Recht der Sieger

Volker Koop

Das Recht der Sieger

Absurde alliierte Befehle im Nachkriegsdeutschland

be.bra verlag

Editorische Notiz
In den zitierten Dokumenten wurde die Schreibweise des Originals mit allen Fehlern und Eigenheiten, z. B. auch bei der Transkription aus dem Russischen, beibehalten.

Abbildungsnachweis
Archiv des Autors: 12, 43, 67, 89, 147
Landesarchiv Berlin: Titelbild, 9, 19, 24, 54, 85, 95, 100, 109, 113, 131, 135, 136, 151, 165, Umschlagrückseite
Landesarchiv Saarbrücken: 58, 91
Stadtarchiv Freiburg: 35, 39

Bibliografische Information der Deutschen Bibliothek
Die Deutsche Bibliothek verzeichnet diese Publikation in der Deutschen Nationalbibliografie; detaillierte bibliografische Daten sind im Internet über http://dnb.ddb.de abrufbar.

KulturBrauerei Haus S
Schönhauser Allee 37, 10435 Berlin
post@bebraverlag.de
Gesamtgestaltung: hawemannundmosch, bureau für gestaltung, Berlin
Schrift: Adobe Caslon 10 pt, Akzidenz Grotesk Buch Condensed
Druck und Bindung: ScandBook, Falun

ISBN 3-89809-049-3

www.bebraverlag.de

Inhalt

Prolog

Es war keine Laune der Geschichte, dass in Deutschland nach 1945 von Siegern und Besiegten die Rede sein konnte – und dass die Deutschen auf der Verliererseite standen. In Europa wurde der Zweite Weltkrieg mit dem Inkrafttreten der bedingungslosen Kapitulation der Wehrmacht im Mai 1945 beendet, weltweit dauerten die Kampfhandlungen allerdings noch bis zur Aufgabe Japans am 2. September desselben Jahres an. Insgesamt forderte der Krieg wohl an die 55 Millionen Menschenleben, darunter 20 bis 30 Millionen Zivilisten. Rund 35 Millionen Menschen erlitten Verwundungen, mehrere Millionen Zivilpersonen und Soldaten galten als vermisst.

Die Frage nach der Kriegsschuld wurde und wird von niemandem ernsthaft diskutiert: Nach dem Überfall auf Polen hatte Deutschland einen bis dahin beispiellosen Eroberungs- und Vernichtungskrieg geführt. Rund ein Zehntel der genannten Kriegsopfer ging auf das Konto der NS-Rassen- und Lebensraumpolitik. Die Auslöschung der europäischen Juden war dabei Teil – ja mehr noch Kernstück – einer auf Versklavung und Vernichtung orientierten Kriegsführung.

Unterschiedlich beurteilt wird dagegen bis heute die Rolle der späteren Kriegsgegner Deutschlands, allen voran der Briten. Sie seien, so sagen einige, Adolf Hitler nicht entschlossen genug entgegen getreten und hätten seine Expansionsgelüste nicht rechtzeitig eingedämmt. Das Münchner Abkommen steht beispielhaft für die britisch-französische Appeasement-Politik. Mit seiner Unterzeichnung am 30. September 1938 wurde durch die Regierungschefs

Deutschlands, Italiens, Großbritanniens und Frankreichs die Abtretung des Sudetenlandes an Deutschland beschlossen. Die Tschechoslowakei, um deren Gebiete es sich handelte, und die mit ihr verbündete Sowjetunion waren nicht beteiligt. Die Zugeständnisse der Westmächte hatten allerdings nur aufschiebende Wirkung. Nach der Besetzung des Sudentenlandes durch deutsche Truppen hatte die Tschechoslowakei rund ein Fünftel des Staatsgebietes eingebüßt. Bereits im März 1939 folgte der Griff nach dem restlichen tschechischen Staatsgebiet. Die Slowakei hatte mit Deutschland einen Schutzvertrag abgeschlossen und wurde zum Vasallenstaat, die »Rest-Tschechei« wurde zum Protektorat Böhmen und Mähren des Deutschen Reiches.

Diese politischen »Erfolge« der Nationalsozialisten und die sich anschließenden schnellen Siege verschafften dem NS-Regime mehr und mehr Rückhalt auch bei der anfangs nicht kriegsbegeisterten Bevölkerung. Der Krieg gegen Polen, vom 1. September bis zum 6. Oktober, war der erste in einer Folge von so genannten Blitzkriegen gegen die Nachbarn Deutschlands. Es folgte die kampflose Besetzung Dänemarks im April 1940, die Eroberung Norwegens vom 9. April bis zum 10. Juni desselben Jahres. Ebenso erfolgreich und schell verlief der Westfeldzug, der mit den Kapitulationen der Niederlande, Belgiens sowie schließlich Frankreichs (am 22. Juni 1940) endete. Frankreich wurde geteilt in eine deutsch besetzte Zone im Norden und einen von der Regierung Marschall Pétains geführten Teil im Süden, der von Vichy aus regiert wurde. Pétain versuchte durch eine weitgehende Zusammenarbeit mit den Deutschen ein gewisses Maß an staatlicher Souveränität zu bewahren. Allerdings führte die Härte der deutschen Besatzungspolitik in Frankreich zu einem starken Anwachsen der von Charles de Gaulle geführten Résistance. Die von den Deutschen besetzte und

Wrack eines abgestürzten Flugzeuges vor dem Berliner Reichstagsgebäude, aufgenommen im Mai 1946.

unter Militärverwaltung gestellte »Zone occupée« umfasste den Nordosten und Norden, die Atlantik- und Kanalküste sowie die de facto vom Reich annektierten Départements Elsass und Lothringen. Nicht zuletzt das brutale Vorgehen gegen französische Juden brachte der Résistance immer mehr Anhänger. Ohne hier ein komplettes Bild der deutschen Besatzungspolitik zeichnen zu können, sei exemplarisch darauf verwiesen, dass in Frankreich an die 20000 Menschen als vermeintliche Widerstandskämpfer exekutiert und über 60000 in deutsche Konzentrationslager deportiert wurden.

Die größten materiellen Belastungen bestanden in den Kosten des Besatzungsregimes, die von den Deutschen – viel zu hoch – mit täglich 20 Millionen Reichsmark angesetzt worden waren und die die Franzosen aus ihrem Staatshaushalt zu begleichen hatten.

Danach folgte der Balkanfeldzug mit der Besetzung Jugoslawiens und Griechenlands, der Hitler seinem eigentlichen Ziel näher brachte: der Eroberung von Territorien im Osten. Mit dem Angriff auf die Sowjetunion am 22. Juni 1941 läuteten Hitler und seine Generale ihr eigenes Ende ein. Zwar wurden schnell große Gebiete erobert, aber der Angriff auf Moskau im November desselben Jahres schlug fehl, ein neuerlicher Blitzkrieg scheiterte. Die Unterdrückung der Bevölkerung, die Ermordung der Juden sowie die gnadenlose Ausbeutung des Landes brachten den Partisanen, die Widerstand hinter den deutschen Linien leisteten, immer mehr Zulauf. Die Wende kam mit der Niederlage der Wehrmacht bei Stalingrad im Winter 1942/43. Von nun an diktierte die Rote Armee das Geschehen an der Ostfront.

Nach dem japanischen Überfall auf Pearl Harbor hatte Deutschland den USA bereits am 11. Dezember 1941 den Krieg erklärt. Durch die Erfolge der Amerikaner im Pazifik wurde die Eröffnung einer zweiten Front in Europa, wie sie Stalin seit längerem forderte, in den Jahren 1942 und 1943 immer wahrscheinlicher.

Aufgrund der Kriegswende bekundeten die Alliierten auf der Konferenz von Casablanca im Januar 1943 erstmals, dass sie auf einer »bedingungslosen Kapitulation« Deutschlands bestehen würden. Militärisch ließen die Westalliierten den Angriff auf die »Festung Europa« folgen: im Juli 1943 mit der Invasion in Sizilien und im Jahr darauf mit der Invasion in der Normandie.

Auf deutscher Seite war insbesondere die letzte Kriegsphase geprägt von einer Verschärfung des Terrors nach innen und außen. Beispielhaft sei nur die Niederschlagung des Warschauer Aufstandes genannt, bei dem zu den rund 16000 getöteten Kämpfern an die 150000 tote Zivilisten kamen. Bis zu 80000 Polen wurden danach in Konzentrationslager deportiert. Dies alles geschah, als deutsche Städte durch die Bombenangriffe der Alliierten längst in Schutt und Asche lagen, die Niederlage unausweichlich war.

Im Sommer 1944 machten sich die Alliierten daran, einen Entwurf für die Kapitulation Deutschlands und Pläne für die Zeit danach zu verabschieden. Sie kamen überein: »Deutschland, innerhalb der Grenzen, wie sie am 31. Dezember 1937 bestanden, wird zum Zwecke der Besetzung in drei Zonen eingeteilt, deren je eine einer der drei Mächte zugewiesen wird, und ein besonderes Berliner Gebiet, das gemeinsam von den drei Mächten besetzt wird.«[1]

Mit dem »Londoner Abkommen vom 14. November 1944 über die Kontrolleinrichtungen in Deutschland in der durch das Ergänzungsabkommen vom 1. Mai 1945 über den Beitritt der Französischen Republik abgeänderten Fassung« schufen sich die Alliierten schließlich die formale Grundlage für eine Nachkriegsordnung auf dem Gebiet des ehemaligen Deutschen Reichs. Dort hieß es in Artikel 1:

»Die Oberste Gewalt in Deutschland wird auf Weisung ihrer jeweiligen Regierungen von den Oberbefehlshabern der militärischen Streitkräfte der Französischen Republik, der Vereinigten Staaten von Amerika, des Vereinigten Königreichs und der Union der Sozialistischen Sowjetrepubliken ausgeübt, von jedem in seiner eigenen Besatzungszone und auch gemeinsam in den Deutschland als Ganzes betreffenden Angelegenheiten als Mitglieder der durch das gegenwärtige Abkommen errichteten Obersten Kontrollbehörde.«[2]

Während die ersten Truppen der Alliierten vor nunmehr rund sechzig Jahren deutsches Gebiet betraten, standen die Siegermächte des Zweiten Weltkriegs vor der Aufgabe, im Land der Besiegten eine neue Rechtsordnung zu installieren.

- Internationale Grenzen
- Grenzen der Besatzungszonen
- Grenze Deutschlands 1937
- Oder-Neiße-Linie
- Weitestes Vordringen amerik.-brit. Truppen nach Osten (bis 7.5.1945)
- P gemäß Potsdamer Abkommen unter poln. Verwaltung gestelltes Gebiet
- Demarkationslinie zwischen amerik.-brit. und sowjetischen Truppen (8.5.–30.6.1945)
- Von amerik.-brit. Truppen ab 30.6.1945 geräumtes Gebiet
- Berlin unter Vier-Mächte-Verwaltung

Besetzt

Für die deutsche Bevölkerung begann mit der bedingungslosen Kapitulation der Wehrmacht im Mai 1945 eine in vielerlei Hinsicht neue Zeit. Sie war geprägt von der Sorge um Verwandte, von denen man nicht wusste, ob sie noch lebten, von den in Trümmern liegenden Städten und von der mangelhaften Versorgung mit Lebensmitteln oder Heizmaterial, aber auch von der Konfrontation einer breiten Öffentlichkeit mit den Verbrechen des nationalsozialistischen Regimes.

Mit dem Ende des »Großdeutschen Reiches« war ein mehr oder weniger rechtsfreier Raum entstanden, dem nun ein neues Recht oktroyiert wurde, das der Sieger und Befreier. Dabei hatten die Alliierten völlig unterschiedliche Vorstellungen über die politische Zukunft Deutschlands. Amerikaner und Briten wollten in ihren Besatzungszonen die Demokratie nach eigenem Vorbild einführen, die Sowjets dagegen setzten vom ersten Tag der Besetzung Ostdeutschlands ihr Ziel einer Diktatur nach stalinistischem Muster konsequent um.

Die »Großen Drei« verfolgten ihre eigenen, sehr voneinander abweichenden Interessen. Einig waren sie sich am Ende des Krieges nur noch in wenigen Punkten. Dazu gehörte die völlige Demilitarisierung Deutschlands ebenso wie die Entnazifizierung der Gesellschaft. Faschismus und Militarismus sollten ein für allemal der Vergangenheit angehören, und von deutschem Boden sollte nie mehr ein Krieg ausgehen können. General Dwight D. Eisenhower hatte dieses Ziel in unmissverständlicher Weise so formuliert: »Wir kommen als Eroberer, nicht als Unterdrücker. In dem von den

Truppen unter meinem Befehl besetzten Gebiet Deutschlands werden wir Nazismus und deutschen Militarismus ausrotten.«[3]

Diese Absichten bestimmten auch das Vorgehen der vierten Besatzungsmacht: der Franzosen. Sie hatten zwar selbst keinen militärischen Sieg über Deutschland errungen, doch waren ihnen in zwei Abkommen vom September und Dezember 1944 eigene Einflussgebiete zugesprochen worden, sofern diese aus der amerikanischen beziehungsweise britischen Zone herausgeschnitten würden.

Als Instrument einer gemeinsamen Verwaltung Deutschlands hatte am 30. August 1945 im Gebäude des Berliner Kammergerichtes in der Potsdamer Straße, in dem 1944 noch die Verhandlungen gegen die Widerstandskämpfer vom 20. Juli stattgefunden hatten, der Alliierte Kontrollrat seine Arbeit aufgenommen. Ihm gehörten die Oberbefehlshaber der vier Besatzungsstreitkräfte an. Seine Zuständigkeit erstreckte sich auf ganz Deutschland. Er erließ Direktiven und Gesetze, Instruktionen und Befehle, die jedoch jeder der Oberbefehlshaber in seiner Zone nach eigenem Ermessen umsetzen konnte. Der Kontrollrat wurde seiner Aufgabe nicht gerecht: Da die Entscheidungen einstimmig zu treffen waren, kamen die Beteiligten in der Regel nur in unbedeutenden Fragen zu einem Konsens. Als Konsequenz aus dieser Situation schöpften die Militärgouverneure ihren Ermessensspielraum in ihren Verantwortungsbereichen zunehmend aus. Von einer einheitlichen Verwaltung durch den Kontrollrat konnte keine Rede sein, zumal er nach dem Auszug des sowjetischen Vertreters am 20. März 1948 seine Arbeit ohnehin praktisch beendete.

Eine einheitliche Marschroute der Siegermächte auf dem Weg zu einem neuen Deutschland gab es also nicht. Da sich der Kontrollrat als Herrschaftsinstrument nicht bewährte, fiel entsprechend die eigentliche Macht den Militärgouverneuren in den Besatzungszonen zu und in der Praxis den Militärkommandanten bis hinunter auf die lokale Ebene. Die Entwicklung in den Zonen verlief nun höchst unterschiedlich. Duldete beispielsweise die sowjetische Militärregierung anfangs die Fraternisierung, war sie im amerikanischen Besatzungsgebiet strikt verboten. Jedem französischen Soldaten war bewusst, dass er – endlich – auf dem Gebiet des »Erbfeindes« Deutschland das Sagen hatte. Viele der Befehle der französischen Kommandanten waren sachlich geboten, aber ebenso viele hatten als vorrangigen Zweck, die Deutschen zu demütigen. Die Jahre der deutschen Besatzung in Frankreich konnten so schnell nicht vergessen werden.

Relativ gelassen gaben sich die Briten, wohl nicht zuletzt auf Grund ihrer umfassenden und Jahrhunderte alten Erfahrungen als Kolonialmacht. Sie wussten mit besiegten Völkern umzugehen, Deutschland war für sie innerhalb des Empire nur eine »Kolonie« mehr. Der wesentliche Unterschied mag jedoch gewesen sein, dass ihr eigenes Land nicht von deutschen Truppen besetzt gewesen war.

Das Ende des Zweiten Weltkrieges blieb die Stunde der Militärs, die nun nicht mehr kämpfen mussten, sondern herrschen konnten, ohne teilen zu müssen. Es reichte die Uniform des Siegers, um Macht auszuüben; je nach Dienstgrad über ein Dorf, eine Stadt oder gar eine Besatzungszone, über die Wirtschaft einer Region, über die Schulen, den Sport oder die Theater. Wie in alten Zeiten wurden in manchen Teilen Deutschlands eroberte Städte für kurze Zeit zur Plünderung freigegeben – nicht durch schriftlichen Befehl, aber doch de facto. Zu Vergewaltigungen und anderen Exzessen kam es nicht nur in Berlin, sondern zum Beispiel auch in großen Teilen des heutigen Baden-Württembergs.

Die Deutschen waren die Verlierer dieses Krieges, die militärischen, wirtschaftlichen und moralischen Verlierer. Sie waren allerdings auch vom Nationalsozialismus befreit worden und sollten »umerzogen« werden, ansonsten aber den neuen Herren erst einmal zu Diensten sein. Diese wollten sich nach den Entbehrungen des Krieges im besiegten Land so wohl fühlen wie nur irgend möglich und plünderten – wenn auch in den Besatzungszonen in unterschiedlicher Intensität – das, was der Krieg übrig gelassen hatte. Stand ihnen nach einem Hund der Sinn, hatten ihn die Deutschen zu besorgen, wenn die Besatzer Billard spielen wollten, musste eben ein Tisch beschlagnahmt werden, und wollte ein Offizier seiner Frau oder Geliebten etwas Gutes tun, hatten die Deutschen Kölnisch Wasser zu beschaffen, ganz zu schweigen von kompletten Wohnungseinrichtungen. Es wurde requiriert und demontiert. Ganze Wälder wurden abgeholzt. Noch zur Zeit der Wiedervereinigung, 45 Jahre nach Kriegsende, waren die Folgen sichtbar, unter anderem in weiterhin einspurigen Bahnstrecken in der ehemaligen sowjetischen Besatzungszone ebenso wie in der französischen.

Nach einer Umfrage aus dem Jahr 1947 glaubten 47 Prozent der Westdeutschen, sie würden von der amerikanischen Besatzungsmacht anständig behandelt, 45 Prozent hielten die Briten für fair, aber nur vier Prozent die Franzosen. Von den Sowjets nahm dies niemand an.[4] Diese Umfrage muss natürlich mit erheblicher Vorsicht betrachtet werden. Erstens wurde sie von Amerikanern durchgeführt und zweitens natürlich nur in Deutschlands Westen. Dennoch gibt sie das Empfinden der Nachkriegsdeutschen wohl richtig wieder, wenngleich man über die ermittelten Prozentzahlen streiten mag.

Während in der sowjetischen und französischen Besatzungszone die Grundlagen für einen wirtschaftlichen Wiederaufbau weitgehend zerstört wurden, stellte man auf der politischen Ebene Überlegungen an, wie Deutschland wieder aufzubauen sei. Dies geschah keineswegs immer uneigennützig. Den Sowjets war klar, dass nur eine halbwegs funktionierende Wirtschaft in ihrer Besatzungszone in der Lage wäre, die immensen Reparationsforderungen zu erfüllen. Ähnliches galt für die Franzosen, die lediglich das Saarland halbwegs schonten, weil sie es sich auf Dauer einverleiben wollten. Anders gingen die Amerikaner vor, deren Territorium von den Deutschen nicht angegriffen und nicht besetzt worden war. Sie brachten mit dem »Marshall-Plan« die (west-)deutsche Wirtschaft tatsächlich wieder zum Laufen und ermöglichten das »Wirtschaftswunder«.

Doch jenseits der großen Linie, mit der die Siegermächte in ihren Besatzungszonen herrschten, gab es die bereits angesprochenen Ermessensspielräume beziehungsweise Freiräume, deren Verlockungen so mancher Militärkommandant erlag. Weil Armeen nun einmal nicht demokratisch organisiert sind und Soldaten nicht immer der Versuchung widerstehen können, einfach zu befehlen, ergingen neben vielen notwendigen eben auch zahlreiche unsinnige Anordnungen. Die Deutschen waren das Gehorchen ohnehin seit langem gewöhnt und dachten nur ans Überleben, aber keineswegs ans Aufbegehren. Sie waren, wenn man so will, aus der Sicht der Sieger außerordentlich bequeme Verlierer. Sie ließen sich entnazifizieren und entwaffnen und erwiesen sich wahlweise als Muster-Demokraten oder Muster-Kommunisten, je nachdem, was von ihnen verlangt wurde – auch das gehörte zur Überlebensstrategie.

»Heute haben wir es mit den gleichen Voraussetzungen zu tun – wir befinden uns nur in einem anderen Teil der Welt.« Mit diesen Worten verglich US-Präsident George Bush jüngst die Situation im heutigen Irak mit der in Deutschland vor rund sechzig Jahren. Auch damals hätten die Amerikaner großes Vertrauen in die Macht freier Gesellschaften gesetzt, und damit im Falle Deutschlands und Japans großen Erfolg gehabt. Innerhalb der Bush-Administration tauchten diese Vergleiche in Variationen immer wieder auf. Doch sind sie tatsächlich tragfähig? Historiker bezweifeln die Vergleichbarkeit vehement. Allein die politischen, ethnischen und sozialen Gegebenheiten seien grundverschieden. Es gehe der US-Regierung vielmehr darum, ihrer Politik die nötige Unterstützung durch die Bevölkerung zu verschaffen. Die Helden von 1945 sollten denen von 2004 Rückhalt geben.

Anliegen dieses Buches ist es nicht, nun diesen Vergleich anzustellen. In erster Linie werden im folgenden Aspekte des absurden Alltags im Nachkriegsdeutschland geschildert. Im Vordergrund steht nicht die »große Politik«, wenngleich sie sich natürlich auch im Geschehen in den Städten und Dörfern widerspiegelt. Es sollen einige Facetten des Lebens der Deutschen in der Nachkriegszeit in ihrer Unterschiedlichkeit beleuchtet werden. Es ist ausdrücklich nicht Ziel der Darstellung, weltpolitische Zusammenhänge und Entwicklungen aufzuzeigen oder einzelne Komplexe im Detail zu erklären. Aufgrund der Quellenlage und durch die Auswahl des verwendeten Materials und der jeweiligen Befehle ist sicher die eine oder andere Überspitzung enthalten.

Über viele der damaligen Anordnungen wird man heute schmunzeln. Dazu gehört die Einführung der Moskauer Ortszeit in Berlin und der sowjetischen Besatzungszone ebenso wie das Flugverbot für Brieftauben in der französischen Besatzungszone. Wo es im Jahr 1945 kein Recht mehr gab, nahmen sich die Besatzer ganz einfach das Recht heraus, nach ihrem Gutdünken zu handeln und zu befehlen. Das galt für die Regierungen der Besatzungsmächte, mehr noch

Wichtigste Nachrichtenquelle: Plakatanschläge, mit denen die Besatzer die Menschen über ihre Befehle und Anordnungen informierten.

aber für die Soldaten, die vor Ort als Militärkommandanten und in anderen Funktionen das Sagen hatten. So unterschiedlich wie Menschen nun einmal sind, zeigten sich die einen großzügig, die anderen spielten ihre Macht aus. Die Deutschen hatten sich zu fügen. Sie gehörten jetzt nicht mehr der »Herrenrasse« an, sondern waren nur noch Besiegte und damit dem guten Willen, der Willkür, aber auch den Übergriffen der Sieger ausgeliefert. Damit unterschieden sie sich nicht von den Verlierern, die jeder Krieg, auch der moderne, am Ende hat. Leicht fiel es ihnen sicherlich nicht, zumal man sich in großen Teilen Deutschlands auf wechselnde Besatzungsmächte einstellen musste. In Thüringen,

Sachsen-Anhalt und Teilen Mecklenburg-Vorpommerns waren zunächst die Amerikaner einmarschiert, bevor die Sowjets kamen. Teile Berlins gaben die sowjetischen Truppen an Amerikaner, Briten und Franzosen ab. In Westdeutschland folgten den USA im heutigen Baden-Württemberg und Rheinland-Pfalz die Franzosen, in Aachen wiederum gab es erst amerikanische, dann britische und schließlich belgische Besatzungstruppen.

Jedes Mal hatten sich die Deutschen mit anderen Kommandanten und damit auch mit anderen Mentalitäten zu arrangieren. In ihrer überwältigenden Mehrheit waren sie froh, dass Nazi-Herrschaft und Krieg vorüber waren. Mit den Siegern würden sie auch zurechtkommen, dessen waren sie sich sicher. In eine andere Region ausweichen hätten sie ohnehin nicht können, denn Absurdistan war überall.

Im Feindesland

Entnazifizierung und Umerziehung

»Gesuchsteller muss man achten«

Wenn auch über ein halbes Jahrhundert seit dem Ende des Zweiten Weltkrieges vergangen ist, zeigen die frühen Befehle aller vier Siegermächte und die Protokolle von Besprechungen mit der gerade eingesetzten deutschen Verwaltung doch, dass manches – unter anderen Vorzeichen natürlich – auch heute noch Gültigkeit besitzt. Aktuell war und ist die Frage, für wen eine Regierung eigentlich da sein soll. Dabei zeichneten nicht nur die Siegermächte für allerlei bürokratische Verrenkungen verantwortlich, auch die deutschen Behörden arbeiteten noch oder schon wieder in alter Manier. Der sowjetische Oberst Saizeff beantwortete die eben genannte Frage auf seine Weise, als er im Juni 1945 auf einer Zusammenkunft mit den Bürgermeistern und Unterbürgermeistern des Berliner Bezirks Wilmersdorf feststellte: »Das Volk muss zufriedengestellt werden. Wir sind eine Volksregierung. Je mehr wir uns mit den kleinen Leuten auseinandersetzen, desto höher ist unser Ansehen.«[5] Gegen diese hehren Grundsätze, die man in der praktischen Politik einer »modernen« Regierung des 21. Jahrhunderts vergeblich suchen dürfte, konnte 1945 eigentlich niemand etwas einwenden. Allenfalls hätte bemerkt werden können, dass die sowjetische Militärregierung nicht dafür bekannt war, sich in besonderer Weise um das »Volk« oder seine Interessen zu kümmern. Im weiteren Verlauf der Besprechung platzte dann dem Oberst irgendwann der Kragen. Auslöser war der typisch deutsche Hang zur Bürokratie, der Saizeffs Missmut erregt hatte, wobei er zu diesem Zeitpunkt noch blauäugig meinte, den deutschen Bürokraten die Flügel stutzen zu können:

Die Bürgermeisterei ist zu bürokratisch. Der Bürgermeister empfängt die Bevölkerung auch nicht wegen lebenswichtiger Fragen. Meistens werden solche Fragen von Vertretern oder Bearbeitern geregelt, die sich bürokratisch an Paragraphen halten. Deshalb kommt die Bevölkerung zum Kommandanten oder sogar zu Generaloberst Bersarin. Das ist nicht zulässig. Jeder kann nicht empfangen werden.

Saizeff gab den Deutschen darüber hinaus wegweisende Hilfestellung für den Umgang mit der Bevölkerung: »Man darf sich gegen die Ausländer nicht weiter so benehmen und keinen Nationalhass zeigen. [...] Grob sein darf man nur zu den Faschisten. Auf die Bitten von Gesuchstellern muss man achten, ihnen antworten und sie aufklären. Wer dagegen verstößt, wird abgesetzt und vor Gericht gestellt.«[6]

»Gewisse Beamte fahren in der alten Weise fort«

Probleme mit der neuen-alten deutschen Bürokratie tauchten in allen Zonen auf. In diesem Zusammenhang, wenn auch der Zeit vorausgreifend, ist eine Anweisung des Innenministers des Landes Baden von Interesse, der am 11. März 1947 den Landesbeamten die Leviten las. Dass viele der Staatsbediensteten Mühe hatten, sich an die junge Demokratie zu gewöhnen, wurde ihnen hier schwarz auf weiß bescheinigt:

In der Presse und in Schreiben an uns wird vielfach Klage darüber geführt, dass ein Teil der Beamtenschaft den Unterschied zwischen einem nationalsozialistisch und demokratisch aufgebauten Staatswesen noch nicht hinreichend erfasst habe. Man beklagt sich darüber, dass gewisse Beamte in der alten Weise fortfahren zu befehlen, ohne sich klar zu machen, dass der Beamte im Dienste des Volkes steht und man Zuvorkommenheit, freundliche Hilfe und ein gesundes Einfühlungsvermögen zu erwarten berechtigt ist. Nicht nur der unpersönliche und frostige Verkehr zwischen Amtsstellen und Bevölkerung wird beanstandet, sondern auch die Fassung schriftlicher Vorladungen und Erlasse, die nicht dem unter Menschen üblichen Verkehrston entsprechen, sondern an den verhassten alten militärischen Amtsstil peinlich erinnern. Hierzu gehört auch die Außerachtlassung der üblichen Höflichkeitsformen der Anrede des Empfängers und deren Ersatz durch ›der‹ oder ›die‹, sowie die unbegründete Androhung von Strafen, durch die nur Verärgerung, aber wegen der missbräuchlich häufigen Anwendung kein Eindruck hervorgerufen wird.

[...] Im Ganzen muss der Beamte im demokratischen Staat von Anmaßung wie von Schwäche gleich weit entfernt und der Vertrauensmann des Volkes sein.[7]

Eine plötzliche Änderung hatte sich nach diesem Schreiben an alle Landesbehörden offensichtlich nicht ergeben, denn am 8. September 1947 ging der badische Staatspräsident Leo Wohleb mit der Beamtenschaft höchstpersönlich zu Gericht. Verschiedene Fälle gäben ihm Anlass, auf den so genannten »Höflichkeitserlass« zurückzukommen. Besonders werde darüber geklagt, dass die Erziehung jüngerer Beamter und Angestellter zur Höflichkeit sehr zu wünschen übrig lasse und die äußeren Umgangsformen wie etwa das Grüßen oder das Anbieten einer Sitzgelegenheit stark vernachlässigt würden. Mit Recht werde als besonders kränkend empfunden, »wenn Gesuchsteller mit ungehörigen, ärgerlichen Redensarten oder Sprüchen abgefertigt werden, die scherzhaft sein sollen, von dem Gesuchsteller aber als beleidigend empfunden werden, da er daraus schlechten Willen oder die Absicht heraushört, sein Anliegen nicht ernst zu nehmen. Es kommt immer noch

Kein Plakat aus dem Jahr 2004, sondern von 1946. Ihre Aktualität hat die Aussage bis heute nicht verloren.

vor, dass der Gesuch- oder Fragesteller in ungehörig lautem Ton abgefertigt oder zurechtgewiesen wird. Im demokratischen Staat ist es selbstverständliche Pflicht des Beamten, sich in die Lage seines Gegenübers hineinzudenken und, sofern Anfragen und Gesuche höflich vorgebracht, die Pflichten des Anstands im Verkehr unter allen Umständen einzuhalten, insbesondere auch älteren Leuten und Frauen gegenüber, woran es infolge des auch in dieser Beziehung schlechten nazistischen Beispiels besonders mangelt«.[8]

Der sowjetische Oberst Saizeff und der badische Staatspräsident Wohleb waren sich in diesem einen Punkt überraschend einig. Er lebte fort, der deutsche Beamte, der in der Tradition des Kaiserreiches, der Weimarer Republik und dann des Dritten Reichs nicht etwa Diener des Volkes, sondern weiterhin »Staatsdiener« war.

Beamte, die nach ihrem Selbstverständnis das Leben des normalen Bürgers zu regeln hatten, fanden im Nachkriegsdeutschland ein reiches Betätigungsfeld, das auch heute noch nicht abgeschlossen ist. Zu kaufen gab es nicht viel, aber wenigstens die Ladenöffnungszeiten mussten festgelegt werden. Wenn in Berlin von generellen Ladenöffnungszeiten ab dem 22. September 1945 die Rede war, dann bedeutete dies eben auch nur »generell«, nicht mehr und nicht weniger und mit einer kaum noch überschaubaren Zahl von Ausnahmen und Einzelvorschriften, von denen exemplarisch nur die wichtigsten aufgeführt werden sollen. Möbel-, Fahrrad- und Nähmaschinengeschäfte hatten demnach von 9 bis 13 und 15 bis 19 Uhr geöffnet zu sein, Blumengeschäfte von 8 bis 12 und 14 bis 19 Uhr, Markthallen von 7 bis 13 und 16 bis 19 Uhr und »offene Märkte und Straßenhandel« sollten von 7 bis 15 Uhr betrieben werden. Außerordentlich verwirrend gestalteten sich die Öffnungszeiten für die Gastronomie:

Gaststätten mit Bierausschank ohne Speisenabgabe: 9–22 Uhr; Gaststätten mit Bierausschank mit Speiseabgabe: 11–22 Uhr; Bahnhofsgaststätten: 8–22 Uhr; Barbetriebe: 12–22 Uhr; Trinkhallen: Sonn- und Werktags: 9–19 Uhr.[9]

Regulierungsverliebte Bürokraten in Politik und Verwaltung der Neuzeit, die vom »schlanken Staat« ohnehin nichts halten, hätten wohl helle Freude an derartigen Bestimmungen.

Die Beamtenschaft tat sich offensichtlich nicht nur im Umgang mit den Bürgern schwer, sondern ließ zumindest teilweise auch das nötige Engagement beim Wiederaufbau des zerstörten Deutschlands vermissen. Dies jedenfalls war die Erkenntnis unter anderem des saarländischen Regierungspräsidiums. Für die »Abteilung Arbeit« kritisierte Regierungsdirektor Kirn am 29. Mai 1946:

Bei den Bemühungen, der eingeleiteten Gemeinschaftsarbeit den erhofften Erfolg zu verschaffen, stoße ich neben anderen Schwierigkeiten auch auf eine auffallende Ablehnung bei Beamten und Behördenangestellten. Von verschiedenen Dienststellen, sowohl der Zentralverwaltung als auch der nachgeordneten Behörden und öffentlich-rechtlichen Körperschaften, werden in ungewöhnlichem Ausmaße Anträge auf Befreiung von Beamten und Angestellten vorgelegt. Diese Tatsache hat in der Öffentlichkeit Anlass zu scharfer Kritik gegeben und bei den manuellen Arbeitern heftige Opposition ausgelöst. Persönlich vertrete ich die Auffassung, dass Beamte und Angestellte im öffentlichen Dienst sowohl aus psychologischen Gründen als auch aus der Tatsache heraus, dass sie Funktionäre der Öffentlichkeit sind, bei dem in Frage stehenden Gemeinschaftswerk beispielhaft tätig sein müssten. Diese Auffassung wird leider von einem Großteil der Beamten und Angestellten nicht geteilt.

Schon wenige Tage später, am 3. Juni, schickte Regierungspräsident Neureuter allen Abteilungsleitern ein Schreiben, zitierte die Aussagen seines Mitarbeiters und ergänzte: »Ich trete diesen Ausführungen in vollem Umfange bei.«[10]

Renitentes Verhalten und Dienst nach Vorschrift monierte auch die französische Militärregierung in Freiburg. Sie verwies am 11. Juli 1946 darauf, dass im Kreis Wolfach einzelne Beamte »nur langsam und mit Widerwillen die ihnen durch ihre Vorgesetzten auf Weisung der Besatzungsbehörden erteilten Anordnungen ausführen und trachten, ihre Mitarbeiter, die treu ihre anvertrauten Pflichten erfüllen, zu schädigen«. Ein derartiges Verhalten könne unter keinen Umständen geduldet werden. Beamte, die durch ihr Verhalten und ihre Äußerungen eine Feindseligkeit gegen die Militärregierung oder die Besatzungstruppen an den Tag legen, würden unnachsichtig zur Rechenschaft gezogen.[11]

Der Geist der »alten Zeit« herrschte also auch auf dieser niederen Ebene der Bürokratie fort.

Drei Radioröhren für Jedermann

Alle Besatzungsmächte hatten größtes Interesse daran, die Bevölkerung möglichst rasch mit politischen Informationen zu versorgen, sie zu beeinflussen und umzuerziehen. Wichtiges Propagandainstrument dabei war – wie schon im Dritten Reich – der Rundfunk, dem auch die sowjetische Militäradministration besonderes Augenmerk und ihren »Befehl Nr. 78« widmete.[12] Nun wären sicherlich die Alt-Nazis wie geschaffen als Adressaten für die Umerziehung über den Äther gewesen, doch ausgerechnet sie sollten vom Rundfunkempfang ausgeschlossen werden. Ihnen war die »persönliche Benützung von Radioempfängern« verboten! Eingeteilt waren die Radios in drei Klassen, wobei Geräte der dritten Klasse mit ein bis drei Röhren nur für den Empfang örtlicher Rundfunksender geeignet waren. Deren Programme durfte »die ganze deutsche Bevölkerung, mit Ausnahme der ehemaligen aktivistischen Mitglieder der faschistischen Partei,« hören. Demgegenüber wurden den im Sinne der Sieger »fortschrittlichen« Kräften die etwas leistungsstärkeren Radios zugestanden, nämlich denen, »die eine leitende Stellung in den deutschen Selbstverwaltungsbehörden der Provinzen, Bezirke und Städte einnehmen«. Nun gab es natürlich aus der Zeit vor der Niederlage eine Vielzahl von Menschen, die ein leistungsstarkes Radio besaßen. Benutzen durften sie es zwar nicht mehr, aber Ingenieurmajor Schkljarskij räumte ihnen das Recht ein – zum Beispiel in einem Schreiben an den Leipziger Polizeipräsidenten –, »ihre Rundfunkapparate in Untätigkeit stehen zu lassen oder sie zu verkaufen, einzutauschen usw., je nach ihrem Gutdenken«.[13]

Umzusetzen hatten den Befehl, wie die meisten anderen Anordnungen der Alliierten auch, die deutschen Stellen, und die taten es mit der ihnen eigenen Gründlichkeit. Das Landesnachrichtenamt, Abteilung Rundfunk, der Landesverwaltung Sachsen definierte zum einen den Begriff der »leitenden Stellung« als Voraussetzung für das größere Radio:

Als leitende Stellung wird angesehen, wer eine verantwortliche Funktion in den Ortsgruppen- oder Stadtteilleitungen einer politischen Partei und bei den Selbstverwaltungsbehörden innehat und auch ausübt. Den leitenden Personen in der Rundfunkindustrie, deren Firmen und Entwicklungswerkstätten und ebenso dem Rundfunkhandel und den Instandsetzungswerkstätten kann der Bewilligungsschein erteilt werden. Ein Bewilligungsschein ist für alle Geräte erforderlich. Wo größere Geräte bei politisch indifferenten Personen stehen, können sie gegen kleinere ausgetauscht werden. Beschlagnahmen sind grundsätzlich von der Polizei durchzuführen.

Um möglichen Irritationen bei der Zählweise der Röhren zu begegnen, hieß es schließlich aufklärend: »Die Gleichrichterröhre und das magische Auge werden nicht gezählt.«[14]

Gleichzeitig wurde in der sowjetischen Zone der Grundstein für die allen Diktaturen vertraute Massenbeschallung der Bevölkerung gelegt. Die Radios der leistungsstarken Kategorie durften für den Gemeinschaftsempfang auch in Fabriken, Werken, Clubs, in Theatern, auf Sportplätzen und anderen öffentlichen Plätzen aufgestellt werden. Vor allem aber wurden der Oberbürgermeister von Berlin und die Präsidenten der Provinzen und Bundesländer »angeregt«, Lautsprecher auf den »Straßen, Plätzen, Parks, Sportplätzen und auf dem Gebiet der Fabriken aufzustellen«.

Die Ausführungsbestimmungen zum »Befehl Nr. 78«, die hier nur stark gekürzt wiedergegeben werden, zeigen: Wann immer die deutsche Beamtenseele »Futter« bekam, stürzte sie sich auf ihre neue Aufgabe. Hatte sie sich gar nicht lange vorher mit »Rassengesetzen« oder »Wehrkraftzersetzung« befasst, definierte sie nun eben die »leitende Stellung« als Voraussetzung für eine dritte Radioröhre.

»Halte dein Mitleid zurück«

Um eine Umerziehung der Besiegten erst zu ermöglichen, mussten die Besatzer jedoch zunächst das Feindbild, das sie von den Deutschen logischerweise hegten, loswerden. Ende März 1945 – der Krieg ging in seine letzte Runde – waren die Fronten noch klar. In dieser Phase kam es im saarländischen Neunkirchen zu Plünderungen durch die nun befreiten russischen »Fremdarbeiter«. Als Deutsche die amerikanischen Soldaten baten, dagegen vorzugehen, antwortete ihnen ein US-Offizier lapidar: »We are not out to kill Russians, we are out to kill Germans. – Wir sind nicht hier, um Russen zu töten, wir sind hier, um Deutsche zu töten.«[15] Dieses Denken war in den Köpfen der amerikanischen Militärführer noch über längere Zeit verwurzelt. Selbst im Frühjahr 1946 wurde jedem amerikanischen Soldaten, der in Deutschland Dienst zu tun hatte, eine Broschüre übergeben, die ihm das Feindbild Deutschland einimpfen sollte. Wegen ihrer unversöhnlichen Sprache verdienen es die wesentlichen Passagen, im Wortlaut wieder gegeben zu werden:

Deutschland heute

[...] Nach Jahren der Propaganda wirst du überrascht sein, wenn du zum ersten Mal Deutsche siehst. Man hat so viel über sie gesprochen und gelesen, hat sie so sehr gehasst, dass man geneigt ist zu glauben, sie seien anders als andere Menschen. Dies stimmt zwar, aber auf eine schwer erkennbare Weise. So wie deutsche Städte euch an Amerika erinnern mögen, so können euch auch die Menschen an Amerikaner denken lassen. Oberflächlich gesehen, können sich Deutsche und Amerikaner ähnlicher sehen, als etwa Franzosen oder Russen und Amerikaner. Deutsche Tatkraft und deutscher Fleiß, deutscher Erfindergeist, deutsche Rohranlagen und deutsche Zentralheizungen erinnern an euer eigenes Land. Gerade deshalb sollt ihr nicht vergessen, wie die Deutschen wirklich aussehen. Zentralheizung ist für Deutschland typisch, aber Buchenwald war es auch. Deutsche Reinlichkeit ist typisch so sehr, dass man Seife aus menschlichen Körpern verfertigt hat. Deutsche Medizin ist so hoch entwickelt, dass sie Menschen als Experimentierobjekte zu verwenden lernte. Die Nazi-Kunst schenkte der Welt Lampenschirme aus menschlicher Haut. So sind Amerikaner nicht!

Halte dein Mitleid zurück.

Eine der wenigen Waffen, die den ›kleinen‹ Deutschen geblieben sind, ist diejenige zu erreichen, dass sie uns Leid tun. Da sind Kinder, die von einem Fuß auf den anderen trippeln, wenn sie in der Kälte vor eurem Speisesaal herumstehen, zu höflich oder zu ängstlich, um zu betteln, aber in ihren Augen kann man den Hunger lesen. Da sind alte Männer und Frauen mit Handwägelchen, junge Mädchen in fadenscheinigen Kleidern. Das sind keine Nazis, wirst du sagen. [...]

Wir dürfen den Deutschen keineswegs glauben. Sie sind Meister in der Propaganda geworden. Nach 12 Jahren in der Goebbels'schen Lügenfabrik ist jeder Deutsche, dem du begegnest, ein Experte in all den Lügen, Halbwahrheiten und gemeinen Andeutungen, die er dir aufbindet, um dich alles glauben zu machen, was er will. Der Deutsche kennt alle Lügen auswendig. Seine Kanonen und Panzer kann man ihm wegnehmen, aber diese nicht. Die Denkfehler, die den Durchschnittsdeutschen dazu geführt haben, die Heuchelei und Brutalität der Nazis anzunehmen, sind heute noch so stark wie vor der Niederlage. Dies ist eine der Waffen, die ihnen geblieben und gewissermaßen ist es auch die gefährlichste Waffe. [...] Vergiss nicht, Deutschland ist noch immer Feindesland.[16]

Folgt man dem Wortlaut dieser Broschüre, so war auf dem Weg zu einem freundschaftlichen Verhältnis zwischen Besatzern und Besiegten noch ein weiter Weg zu gehen.

Mit kleinen Schritten zur Demokratie

Die Alliierten hatten die Naziherrschaft beendet und wollten den Deutschen nun die Demokratie bringen, was natürlich die Gewährung von Grundrechten beinhaltete. Zu ihnen zählten mit an erster Stelle die Meinungs- und Pressefreiheit, jedoch mit erheblichen Einschränkungen. Die Deutschen sollten denken und sagen können, was immer sie wollten, sofern es nicht die Interessen der Sieger berührte. Der Alliierte Kontrollrat erließ deshalb am 12. Oktober 1947 »Richtlinien für die deutschen Politiker und die deutsche Presse«. Es sollte, so begann die Direktive, »den deutschen politischen Parteien ebenso wie der deutschen Presse gestattet sein, deutsche politische Probleme frei zu besprechen«. Doch diese neue Freiheit hatte für Politiker und Journalisten ihre engen Grenzen. Verboten war es, Gerüchte zu verbreiten, die die Einheit der Alliierten untergraben oder die Misstrauen und Feindschaft des deutschen Volkes gegen eine der Besatzungsmächte hervorrufen konnten. Strafbar waren außerdem Erklärungen und Artikel, die Kritiken enthielten, »die die Deutschen zur Auflehnung gegen demokratische Maßnahmen, die die Zonenbefehlshaber in ihren Zonen treffen, aufreizen«.[17] Mit dieser Direktive war zweifellos eine hervorragende Grundlage geschaffen worden, um demokratisches Verhalten von Politikern und Journalisten nicht »ausufern« zu lassen – immerhin hatten sie ja Demokratie erst zu lernen. Tatsächlich waren die Spuren der nationalsozialistischen Gewaltherrschaft noch allgegenwärtig. Wo sollten also plötzlich so viele Demokraten herkommen?

Erziehungsmaßnahmen der besonderen Art

Wann immer Arbeitskräfte benötigt wurden, um die Besatzungstruppen zu versorgen oder das zerstörte Deutschland notdürftig wieder aufzubauen: Zunächst dachten die Siegermächte an ehemalige NSDAP-Mitglieder, die so genannten Parteigenossen (Pg.), vor allem bei unangenehmen oder gefährlichen Arbeiten. Ehemalige Parteigenossen gab es in Berlin und anderswo in ausreichender Zahl. Die deutschen Stellen konnten daher solche Befehle relativ leicht ausführen. Der »Befehl von der Kommandantur« vom 1. Juni 1945 verfügte etwa, dass in Berlin am 2. und 3. Juni jeweils »100 Leute zur Beseitigung von Fliegerbomben und Munition« bereitzustellen waren, die sich pünktlich um 10 Uhr am Bahnhof Südende einzufinden hatten.[18] »Sämtliche Pg.'s mit ihren Angehörigen« mussten am 3. Juli um 8 Uhr in der Klingsor-/ Ecke Albrechtstraße erscheinen; bei Nichtbefolgung waren 25 Reichsmark Strafe zu zahlen. Lediglich »verdiente Gelehrte, Künstler und Geistliche« brauchten dieser Anweisung zu »Schanz- und Schipparbeiten« nicht zu folgen.[19] Schon im Juni 1945 funktionierten – zumindest teilweise – die Arbeitsämter in Berlin, und bei ihnen konnten Pg. abgefordert werden. So erhielt am 27. Juni das Arbeitsamt Steglitz diese Anordnung: »Zum Ausgraben der gefallenen Russen benötigt Herr Dir. Eschenbach (Gartenverwaltung) 50 Pg.'s, die sich in der Albrechtstr. 4 zu melden haben.«[20]

Um den Deutschen die Verbrechen der Nazizeit und ihre Schuld vor Augen zu führen – aber auch, um sie zu demütigen –, gingen die Siegermächte vielfach noch drastischer vor. So am 30. April 1945 in Essen. In einer Grube waren dort die Leichen von 34 russischen Zwangsarbeitern, vermutlich von der Gestapo erschossen, entdeckt worden. Am selben Tag befahl der amerikanische Stadtkommandant, Oberst Edson D. Raff, die Essener Stadtspitze zu sich und kündigte ihr »eine Angelegenheit besonderer Art« an. Er ließ vierzig städtische Beamte zu der Grube fahren. Der damalige Stadtrat Hugo Verspohl erinnerte sich an das, was nun geschah, folgendermaßen:

Der Lkw bringt die Stadtspitze zum ›Montagsloch‹ das von regulären amerikanischen Soldaten umstellt ist. Dann beginnt die Demütigung: Bei den inzwischen aufgereihten Toten müssen Russel [der neu ernannte Essener Verwaltungschef, V.K.] und seine Untergebenen hinknien und sich eine lange Strafpredigt im improvisierten Gottesdienst anhören. Der Verwesungsgeruch zwischen den Reihen der Hingemordeten war sehr stark. Anschließend ist die Beisetzung. Wir mussten in die durch Verwesung mit Feuchtigkeit durchtränkten Kleidungsstücke hineingreifen und jeweils zu zweien oder dreien die Toten in Richtung der aufgeworfenen Gräber bewegen. Hilfsmittel waren nicht erlaubt. Obwohl die Amerikaner bei Verweigerung wohl kaum gezielt geschossen hätten, taten die Verwaltungsbeamten das, was sie gewohnt waren: Sie überwanden ihren Ekel, gehorchten ohne Ausnahme und versuchten offenbar nicht einmal, das Unzumutbare abzulehnen.«[21]

Händeschütteln verboten – Apartheid auf Amerikanisch

Zu berücksichtigen ist, dass sich während des geschilderten amerikanischen Vorgehens in Essen die Alliierten mit Deutschland noch im Krieg befanden. Doch auch nach der bedingungslosen Kapitulation der Wehrmacht blieben die Deutschen für die Amerikaner zunächst »Feinde«. Nicht von ungefähr war in der US-Zone »Fraternisierung« strengstens verboten – anders als etwa in der sowjetischen. Zwölf »Nicht-Fraternisierungs-Regeln« hatte der legendäre General und spätere amerikanische Präsident Dwight D. Eisenhower aufgestellt, und zwar bereits am 12. September 1944. Untersagt war es:

---

1. Deutsche einzuladen,
2. amerikanisches Personal bei deutschen Familien einzuquartieren,
3. Deutsche zu heiraten,
4. deutsche Wohnungen zu besuchen,

Nun waren die Deutschen Menschen zweiter Klasse und hatten – wie in der Freiburger Straßenbahn – den Franzosen den Vortritt zu lassen.

5. mit Deutschen zu trinken,
6. Deutschen die Hand zu schütteln,
7. mit Deutschen Spiele zu spielen oder Sport zu treiben,
8. Deutschen Geschenke zu geben oder von Deutschen Geschenke anzunehmen,
9. deutsche Tanzveranstaltungen oder andere Festlichkeiten zu besuchen,
10. Deutsche auf der Straße oder zu Orten der Unterhaltung wie ins Theater, in Kneipen, Hotels etc. zu begleiten (mit Ausnahme offizieller Anlässe),
11. sich mit Deutschen zu unterhalten oder zu streiten,
12. neben Deutschen in der Kirche zu sitzen.[22]

Es gab verschiedene Gründe für die Aufstellung dieser Regeln. Zunächst einmal wussten die alliierten Truppen nicht, wie sich die Deutschen verhalten würden. Sie hatten schlicht Angst vor anhaltendem Widerstand, etwa durch Partisanen oder die gefürchteten »Werwölfe«. Tatsächlich kam es zu isolierten Aktionen, die eine reale Gefahr für die Alliierten vermuten ließen: So wurde etwa der Aachener Bürgermeister Franz Oppenhoff am 25. März 1945 von einem Werwolf-Kommando auf Befehl Heinrich Himmlers ermordet.

Darüber hinaus sollte durch eine möglichst große Distanz zwischen den ehemaligen Kriegsgegnern vermieden werden, dass Deutsche US-Soldaten aushorchen und ihr Wissen an die noch im Krieg stehende »Achsenmacht« Japan weitergeben konnten. Wichtiger aber war: Den Deutschen sollte deutlich gemacht werden, dass sie besiegt waren, ihnen sollte ihre totale Niederlage zu jeder Minute vor Augen geführt werden. Allerdings dachten viele der GIs – wie sich schnell zeigte – überhaupt nicht daran, sich an das Fraternisierungsverbot zu halten. Kaugummi und Schokolade für die deutschen Kinder wurden zur Regel ebenso wie die »Fraternisierung« mit deutschen Frauen. Den »Frolleins« konnten und wollten die US-Soldaten nicht widerstehen, und so tauschten sie Nylons, Zigaretten, Kaffee und Whisky gegen Liebesdienste. Glücklicherweise war aber selbst ein Eisenhower in der Lage, eigene Fehler einzugestehen und zu korrigieren. Am 8. Juni 1945 erklärte er, die harten Regeln würden nicht für Kinder gelten, und unterließ es gleichzeitig, eine Altersgrenze festzulegen. Am 14. Juli 1945 hob er das Gesprächsverbot auf öffentlichen Plätzen auf, und am 1. Oktober 1945 war von den zwölf Regeln nur noch das Heiratsverbot übrig geblieben. Eine ähnliche Form der Apartheid praktizierten vorübergehend auch die anderen Besatzungsmächte, wenn auch nicht so ausgeprägt. Aber immerhin ordneten die Franzosen nach Wiederaufnahme des Straßenbahnverkehrs in Freiburg an, dass Deutsche die hinteren Türen der Tram zum Ein- und Aussteigen zu benutzen hatten. Die vorderen Türen sowie die offenen Plattformen waren den französischen Soldaten vorbehalten.

Lehrstunden in Sachen Patriotismus

Amerikaner lieben patriotische Gesten, und die wollten sie auch den Deutschen beibringen. Anfang Juni 1945 erging an die Bevölkerung der Stadt Geislingen an der Steige in Württemberg der folgende Befehl:

Jeden Abend um 17.10 Uhr wird in der Eberhardstr. von der Steingrube- bis Schulstr. eine militärische Feierlichkeit stattfinden. Während die amerikanische Nationalhymne (›The star spangled Banner‹) gespielt wird oder die Fanfaren blasen (›To the colours‹), haben alle in Hör- und Sichtweite befindlichen Personen stillzustehen; die Herren haben die Hüte abzunehmen. Die Ehrung der amerikanischen Flagge durch die amerikanischen Soldaten wird durch anhaltenden Trommelwirbel eingeleitet.[23]

Ähnliches forderten die US-Militärbehörden in zahlreichen anderen von ihnen besetzten Dörfern und Städten. In Karlstadt im Maingebiet erließen sie am 15. Juni 1945 diese knapp und unmissverständlich formulierte Anordnung: »Achtung! Alle Männer müssen die amerikanische Flagge grüßen durch Abnehmen der Kopfbedeckung!« Nicht nur die Amerikaner bestanden darauf, dass die Besiegten sich vor der Flagge der Sieger verneigten. Auch die französische Besatzungsmacht verlangte, dass die Deutschen nun der Trikolore die Achtung und Ehre erwiesen, die sie ihr so lange verweigert hatten. Nachdem sich zum Beispiel die Amerikaner am

1. Juni 1945 aus der Eifel zurückzogen und die Franzosen nachrückten, hissten sie im Städtchen Monreal auf dem Steffensplatz – in zentraler Lage also – die französische Flagge und befahlen der Bevölkerung, im Vorbeigehen den Hut oder die Mütze zu ziehen und die Trikolore »ehrerbietig« zu grüßen. Nicht ganz zum Anspruch der »grande nation« passte, dass die Besatzungsmacht nur wenige Meter entfernt, in der Bäckerei am Brixius-Eck ein Bordell für ihre Soldaten einrichtete.[24] Grundlage für die geforderte Ehrerbietung war eine »Bekanntmachung an die Bevölkerung« der französischen Militärregierung vom 27. Juni 1945. Hierin hatte sie »Respektvolles Betragen!« angemahnt und erklärt:

Die deutsche Bevölkerung wird daran erinnert, dass sie sich, wenn in ihrer Gegenwart die Nationalhymnen gespielt oder die Flaggen der Alliierten Nationen gehisst werden, geziemend zu betragen hat. Bei solchen Gelegenheiten haben die Männer die Kopfbedeckung abzunehmen.[25]

In Koblenz sahen die Menschen deshalb zu, dass sie am Nachmittag des 26. Juli einen weiten Bogen um die Innenstadt machten. Denn eine weitere »Bekanntmachung« hatte sie mehr oder weniger aufgeschreckt: »Herr General de Lattre de Tassigny passiert heute, den 26. Juli 1945, gegen 17 Uhr unsere Stadt. Die Bevölkerung wird gebeten, den Bürgersteig zu benützen, ferner den Herrn General zu grüßen«, war auf Anschlägen im gesamten Stadtgebiet zu lesen. Die Liebe zu den Franzosen war naturgemäß zu dieser Zeit noch wenig ausgeprägt, und »geziemendes« Verhalten musste eben noch befohlen werden. Hinzu kam, dass selbst der »gemeine« französische Soldat Wege fand, das Bewusstsein, Angehöriger einer Besatzungsmacht zweiter Klasse zu sein, zu kompensieren. So hatten die Deutschen ohne beson-

So sahen die Sieger die Deutschen am liebsten: devot und ehrerbietig wie Badens Staatspräsident Theo Wohleb.

dere Aufforderung Platz zu machen, wenn ihnen ein französischer Soldat entgegenkam.[26] Das Verlangen nach »Ehrerbietung« trieb in Freiburg eine besondere Blüte. Dort residierte im »Colombi-Schlösschen« der badische Staatspräsident Theo Wohleb. Auf Anordnung der Franzosen musste vor dem Schlösschen ein Wachhäuschen, gestrichen in den Landesfarben gelb und schwarz, aufgestellt werden. Nicht etwa, weil Wohleb gefährdet gewesen wäre, sondern einzig und allein, weil die französischen Offiziere, wenn sie zu Wohleb fuhren, von einem deutschen Polizisten angemessen gegrüßt werden wollten.

Leben nach Moskauer Zeit

Herrschaft über Uhr und Sprache

Die Sieger des Zweiten Weltkrieges hatten es in mancher Hinsicht einfach. Sie konnten Befehle erteilen, ohne dass deren Sinn hinterfragt worden wäre. Die Deutschen standen für den Obrigkeitsstaat und in einem solchen war das Gehorchen oberste Bürgerpflicht, dafür waren sie bekannt. Bis zum bitteren Ende hatten sie in einem totalitären Staat gelebt. Nach der katastrophalen militärischen und moralischen Niederlage kamen sie erst gar nicht auf die Idee, gegen Befehle der neuen Herren aufzubegehren, egal ob ein sowjetischer Marschall sie erteilte oder ein amerikanischer Staff Sergeant.

So mag zwar der eine oder andere Befehlsempfänger innerlich gemurrt haben, als der sowjetische Stadtkommandant Nikolai Bersarin (der übrigens im Jahr 2003 vom Berliner Senat postum zum Ehrenbürger erklärt wurde) seinen »Befehl Nr. 4« erließ, befolgt wurde er natürlich doch. Unter allen Befehlen der sowjetischen Besatzungsmacht ist dieser wohl einer der kuriosesten, und manche älteren Berliner erinnern sich an ihn. Auf Flugblättern und in den bereits wieder erscheinenden Tageszeitungen wurde er der Bevölkerung am 20. Mai 1945 bekannt gemacht, also gerade einmal zwölf Tage nach Unterzeichnung der Kapitulationsurkunde:

B E F E H L
DES CHEFS DER BESATZUNG UND MILITÄR-KOMMANDANTEN DER STADT BERLIN
20. Mai 1945 Nr. 4 Stadt Berlin
1. bis zu besonderen Anweisungen in der Stadt BERLIN nach Moskauer Zeit zu arbeiten (Arbeit der Geschäfte, Betriebe, Theater u. s. w.)

2. Die Geschäftsstunden der Lebensmittel-, Fleisch-, Brot-, Milch-, Gemüse- und anderer Geschäfte sind von Montag bis Sonnabend festzulegen:

Vormittags – von 6.00 bis 12.30
Nachmittags – von 14.30 bis 20.00
Von 12.30 bis 14.30 – Mittagspause

3. Frischer Fisch, Fleisch, frisches Gemüse und Obst müssen an den Tagen ihrer Anlieferung verkauft werden, einschließlich Sonn- und Feiertage.

Chef der Besatzung und Militärkommandant von Berlin
Generaloberst N. BERSARIN

Stabschef der Besatzung von Berlin
Generalmajor KUSCHTSCHOW

Totales Wirrwarr in Berlin und anderswo

Nun wäre eine mögliche Reaktion der Bevölkerung gewesen, diesen Befehl zur Kenntnis zu nehmen und den gewohnten Tagesablauf beizubehalten. Da allerdings hatte Generaloberst Bersarin vorgesorgt, denn er befahl ausdrücklich, »dass nunmehr alle Uhren 1 Stunde vorzustellen sind«[27], was auch so geschah. Da die ersten westalliierten Truppen erst am 5. Juli in Berlin einrückten, galt Bersarins Wort in diesen Wochen noch im gesamten Berlin, so dass die Umsetzung in den Grenzen der deutschen Hauptstadt unproblematisch war. Wenn in Moskau der Tag anbrach, hatten die Berliner nun in den Büros zu erscheinen und die Geschäfte zu öffnen, unabhängig davon, dass es hier noch dunkel war. Und ebenso verließen sie die Büros und schlossen die Läden, wenn die Moskauer dies auch taten. Zunächst galt die Moskauer Zeit mit Wirkung vom 24. Mai nur in der Hauptstadt, was

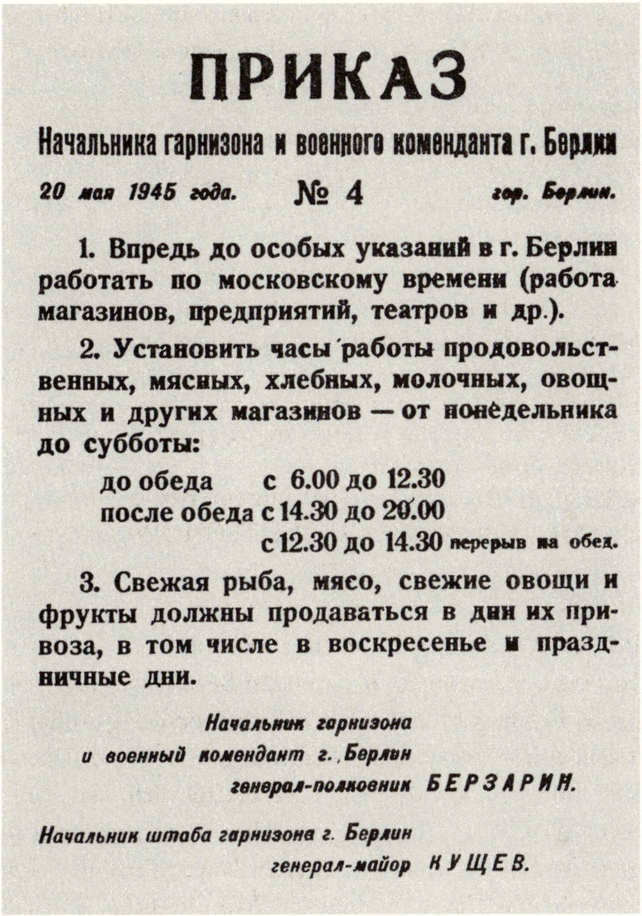

ПРИКАЗ

Начальника гарнизона и военного коменданта г. Берлин

20 мая 1945 года. **№ 4** *гор. Берлин.*

1. Впредь до особых указаний в г. Берлин работать по московскому времени (работа магазинов, предприятий, театров и др.).

2. Установить часы работы продовольственных, мясных, хлебных, молочных, овощных и других магазинов — от понедельника до субботы:

до обеда с 6.00 до 12.30
после обеда с 14.30 до 20.00
с 12.30 до 14.30 перерыв на обед.

3. Свежая рыба, мясо, свежие овощи и фрукты должны продаваться в дни их привоза, в том числе в воскресенье и праздничные дни.

Начальник гарнизона
и военный комендант г. Берлин
генерал-полковник **БЕРЗАРИН.**

Начальник штаба гарнизона г. Берлин
генерал-майор **КУЩЕВ.**

Mit Befehl Nr. 4 setzten die Sowjets eine Teilung Deutschlands ganz besonderer Art in Gang. Plötzlich gingen die Uhren im Osten nach Moskauer Zeit

zwangsläufig zu Komplikationen im Umgang mit dem Umland führen musste, das sich einstweilen noch nach der üblichen mitteleuropäischen Zeit – MEZ – zu richten hatte. War es also im Berliner Umland 11 Uhr vormittags, dann schlugen die Uhren in der Stadt bereits 12.

Sicherlich hatten Bersarin praktische Gründe zu seinem »Befehl Nr. 4« bewogen. Für die eigenen Verwaltungsabläufe war es vermutlich von Vorteil, wenn es keine Zeitdifferenz zur kommunistischen Führung in Moskau gab. Vielleicht meinte er aber auch, Moskau sei nun ohnehin der Nabel der Welt, oder wollte den Berlinern vor Augen führen, dass eine im wahrsten Sinne des Wortes »neue Zeit« angebrochen sei. Doch was immer in dem sowjetischen Kommandanten vorgegangen war: Die westlichen Siegermächte, die ab Juli in ihre Sektoren einzogen, mochten seine Vorstellungen auf Dauer nicht teilen. Zwar ordnete die Alliierte Kommandantura, der die vier Besatzungsmächte USA, Frankreich, Großbritannien und Sowjetunion angehörten, mit dem Befehl »B.K. O (45) 22« am 14. August für die Zivilbevölkerung ein nächtliches Ausgehverbot von 23 bis 5 Uhr an, ausdrücklich nach »Berliner Zeit« – und damit Moskauer Zeit –, doch den Briten kam es schon aus ihrem Selbstverständnis heraus gar nicht in den Sinn, ihren »Five o'clock tea« etwa nach Moskauer Zeit zu zelebrieren, Amerikaner und Franzosen dachten ähnlich. Da Bersarin inzwischen bei einem Verkehrsunfall tödlich verunglückt und die Einführung der Moskauer Zeit wohl seine eigene, einsame Entscheidung gewesen war, stießen die Westmächte auf keinerlei Widerstand, als sie durchsetzten, Ende September 1945 in Berlin eine Winterzeit einzuführen, die allerdings weder der Moskauer noch der Greenwich Time entsprach. Der betreffende Befehl lautete kurz und knapp:

ALLIED KOMMANDANTURA BERLIN
Office of the Chief of Staff
Betrifft: Berliner Zeit-Änderung
An den: Oberbürgermeister der Stadt Berlin
Die Allied Kommandantura Berlin ordnet an wie folgt:

Die Berliner Zeit wird am Sonntag, den 23. September 1945 um eine Stunde zurückgestellt.
Diese Änderung wird um 0200 Sonntagmorgen stattfinden.
C. E. Ryan, Colonel, Chief of Staff

Um das Durcheinander zu verdeutlichen: War es in Moskau 8 Uhr, zeigte die Berliner Uhr 7, während es in London nach Greenwich Time erst 6 Uhr war. Doch ohne diese neuerliche Zeitumstellung hätte die Differenz der Berliner Zeit gegenüber der Greenwich Time sogar zwei Stunden betragen.

Verändert wurden auch die Öffnungszeiten der Geschäfte. Die Berliner konnten ein wenig länger schlafen. Die generelle Öffnungszeit wurde für Lebensmittelgeschäfte auf 8 Uhr festgelegt, für alle anderen Läden auf 9 Uhr. Ausnahmen gab es lediglich sonntags. Hier hatten Geschäfte mit leicht verderblichen Waren – Milch, Fleisch, Fisch oder Gemüse – bereits um 6.30 Uhr für die Kunden da zu sein.[28]

Der Vollständigkeit halber ist zu erwähnen, dass auch in den Ländern der sowjetischen Besatzungszone die Einführung der Moskauer Zeit befohlen wurde. Allerdings ließ sie sich dort nicht in der Weise umsetzen wie in Berlin. Immerhin aber geht aus amtlichen Schreiben noch bis in den Herbst 1945 hervor, dass Bersarins Befehl nicht völlig vergessen war. Die Deutschen in den Ländern der sowjetischen Besatzungszone lebten zwar nach mitteleuropäischer Zeit, gaben aber korrekt bei Anrufen beispielsweise nach diesem Muster auch die Moskauer an: »Telefonischer Anruf des Vorzimmers des Präsidenten Dr. Paul am 13.8.45, 13.30 Uhr russ. Zeit«.[29]

Am 26. Oktober setzten die Spitzen der vier Besatzungsmächte der absurden Situation höchstpersönlich ein Ende. Generalleutnant Lucius D. Clay, Generalleutnant Brian H. Robertson, General der Armee Wassilij Sokolowvsky und

Armee-Korps-General L. Koeltz unterschrieben für den Alliierten Kontrollrat die »Direktive Nr. 15« über

---

Die Einführung einer einheitlichen Uhrzeit für ganz Deutschland
Der Kontrollrat verfügt wie folgt:
Es wird für ganz Deutschland eine einheitliche Uhrzeit eingeführt.
Ab 2 Uhr am 18. November 1945 wird die Zeit »A.«, d. h. die Tageszeit von Greenwich plus eine Stunde, wieder in Deutschland eingeführt.
Die Zeit »A« wird bis April 1946 in Kraft bleiben. An einem geeigneten Tage vor dem 1. April 1946 wird die Einführung einer einheitlichen Sommerzeit in Erwägung gezogen. Im Laufe des Monats April werden alle Uhren um eine Stunde vorgerückt, und im darauffolgenden Monat Oktober auf die Zeit »A« zurückgestellt.[30]

Proteststurm gegen »doppelte Sommerzeit«
Wiederholtes Uhren-Umstellen blieb den Deutschen dennoch nicht erspart, und nicht immer nahmen sie dies so widerspruchslos wie in Berlin und in der sowjetischen Besatzungszone hin. Den Badischen Landtag und die Freiburger Staatsregierung beschäftigte die Problematik über lange Zeit, zumal zahlreiche Berufsgruppen – besonders Eisenbahner, aber auch Landwirte – gegen die Sommerzeit protestierten. So stellte die »Einheitsgewerkschaft der Eisenbahner, Ortsverwaltung Weil« am 6. Januar 1947 an die beratende Landesversammlung den Antrag, »im Einvernehmen mit der französischen Militärregierung beim Alliierten Kontrollrat in Berlin die Beibehaltung der mitteleuropäischen Zeit im Sommer 1947« zu fordern. Begründet wurde dies unter an-

derem damit, dass sich die Sommerzeit für die Eisenbahner »als nicht vorteilhaft« erwiesen habe. Weiter: »Durch die schlechte Ernährungslage sowie der Tag- und Nachtarbeit insbesondere des Rangier-, Zugbegleit- und Lokpersonals ist es nicht tragbar, die Sommerzeit wieder einzuführen. In diesem Zusammenhang wird darauf hingewiesen, dass die Schweiz seit 1940 die Sommerzeit nicht mehr eingeführt hat.«[31] Das gleiche Anliegen vertrat der Oberbürgermeister der Stadt Konstanz, der in der anberaumten Sommerzeit eine »gerade in der heutigen Hungerzeit unangebrachte belastende Maßnahme für die Bevölkerung« sah. Er ging besonders auf die dann entstehenden Zeitunterscheide zur benachbarten Schweiz ein: »Im Grenzverkehr mit der Schweiz wird schon die jetzige Sommerzeit als überaus unangenehm empfunden, zumal wegen der deutschen Grenzgänger, die um die Mittagszeit hier die Mahlzeiten zubereiten müssen, und das Vorstellen der Uhr um eine weitere Stunde würde noch eine ungleich größere Belastung darstellen. Solche Experimente mögen sich unter normalen Verhältnissen in einem abgeschlossenen, nicht unmittelbar an andere Länder angrenzenden Gebiete reibungslos durchführen lassen, aber in einem Land, das an ein nicht mitwirkendes Land grenzt, und unter einer hungernden Bevölkerung ist die Maßnahme untragbar.«[32]

Auch der nordrhein-westfälische Ministerpräsident Rudolf Amelunxen unternahm einen Vorstoß gegen die »doppelte Sommerzeit«. Die Sommerzeit gab es auf Grund der Befehle des Alliierten Kontrollrates ohnehin schon, und nun sollten die Uhren noch einmal eine Stunde vorgestellt werden. Amelunxen wandte sich an seine norddeutschen Amtskollegen und forderte sie auf, bei den zuständigen Stellen Einspruch zu erheben. Die »Badische Zeitung« berichtete darüber am 9. Mai 1947:

Er selbst hat einen solchen Schritt bei der englischen Militärregierung bereits unternommen. Die doppelte Sommerzeit gefährde die Landwirtschaft und damit die Versorgung der Städte. Die Wirtschaftsverbände Eisen und Metall in der britischen Zone weisen darauf hin, dass die Verlegung der Uhrzeit wie eine Verkürzung der Ruhezeiten wirke und eine Produktionsminderung wegen der starken Beanspruchung der Arbeiter zur Folge habe. Aus Nürnberg wird gemeldet, dass die dortige Handelskammer und die Nürnberger Gewerkschaften bei der bayerischen Regierung Einspruch wegen der doppelten Sommerzeit erhoben haben. Mit ihr steigere sich die Beanspruchung der Werktätigen, und eine erhöhte Lebensmittelzuweisung werde notwendig.

Doch die Mühen waren vergebens. Im selben Artikel wurde über eine Pressekonferenz mit dem amerikanischen Militärgouverneur Lucius D. Clay berichtet. Er zeigte zwar für die Sorgen der Bevölkerung Verständnis, meinte aber, ändern könne man nichts mehr. In Vereinbarungen über Arbeitszeiten und ihre Verlegung könne sich die Militärregierung nicht einmischen.[33]

In den westlichen Besatzungszonen bestand der Widerwille gegen die aufgezwungene Sommerzeit fort, und noch am 19. Januar 1950 debattierte der Badische Landtag ein letztes Mal über diese Frage. Inzwischen war die Bundesrepublik Deutschland gegründet worden. Der badische Staatspräsident Leo Wohleb informierte den jetzt für diese Frage zuständigen Bundesinnenminister, die Ministerien seines Landes hätten übereinstimmend festgestellt, »dass die Landwirtschaft in der Vornahme ihrer Arbeiten an den normalen Tagesablauf stärkstens gebunden ist und sich daher schon in der Vergangenheit in ihrer Zeiteinteilung nur insoweit an die Sommerzeit gehalten hat, als es sich nicht um Betriebe mit familieneigenen Arbeitskräften handelte. Bei den Betrieben mit fremden Arbeitskräften waren die eingetretenen Erschwernisse bei Einhaltung der Sommerzeit erheblich. Auch in den Kreisen der Wirtschaft des Landes wird die Wiedereinführung der Sommerzeit abgelehnt.«[34] 1950 verzichtete die Bundesregierung endgültig auf die Sommerzeit und kam damit den Wünschen der Länder entgegen. Erst 1980 wurde die Sommerzeit dann in der Bundesrepublik und in der DDR wieder eingeführt, um auf diese Weise nach der berüchtigten Ölkrise Energie zu sparen.

Das, was sich im Zusammenhang mit der Festlegung der Moskauer Ortszeit oder der Greenwich Time in Berlin abgespielt hatte, war für andere Regionen Deutschlands zu diesem Zeitpunkt längst nichts Neues mehr. Schon am 1. März 1919 hatte die damalige Siegermacht des Ersten Weltkrieges, Frankreich, den von ihr besetzten Teilen des Deutschen Reiches sowie den Städten Köln, Mainz, Wiesbaden und Mannheim eine von den übrigen Teilen des Landes abweichende Zeit verordnet. Eine Verfügung, die immerhin bis 1927 Bestand haben sollte. Die Herrschaft über die Zeit scheint demnach schon immer ein probates Mittel zur Herrschaftsausübung gewesen zu sein.

Die Überwindung der Sprachlosigkeit

Auch die Sprache erwies sich als hilfreiches Instrument, der Bevölkerung die neuen Machtverhältnisse zu demonstrieren. Speziell die Franzosen verordneten für ihre Besatzungszone die Sprache der Sieger als Amtssprache. Die Deutschen hatten sich daran zu halten, und Ausreden, man habe die Befehle nicht verstanden oder sie seien falsch übersetzt worden, galten nicht. In der »Verordnung Nummer 3«, veröffentlicht in der »Gazette Officielle« der französischen Militärregierung Baden, wurde unmissverständlich befohlen:

1. In dem schon erwähnten Gebiet [der amerikanischen Zone, V. K.] ist Englisch die Amtssprache, und alle amtlichen Angelegenheiten, die die Militärregierung angehen, müssen, wenn diese nicht anders bestimmt, in dieser Sprache behandelt werden. In der französischen Besatzungszone ist Französisch ebenfalls Amtsprache, über die mit den französischen Militärbehörden verhandelt wird, anzuwenden, sofern keine andere Anordnung ergeht.
2. Alle Proklamationen, Gesetze, Verordnungen und Bekanntmachungen und alle von der Militärregierung oder auf ihre Veranlassung herausgegebenen oder veranlassten Schriftstücke können entweder in Englisch oder in Französisch oder in beiden Sprachen abgefasst sein. Die Militärregierung kann jederzeit und gleich aus welchem Anlass nach Belieben die englische oder französische Fassung eines Textes zugrundelegen. Die Fassung, derer sie sich für ihre Zwecke bedient, ist die amtliche und maßgebliche.
3. Jeder, der von einer beliebigen Proklamation, einem Gesetz, einer Verordnung, einer Bekanntmachung, einem Erlass oder einem anderen amtlichen Dokument der Militärregierung berührt wird, ist verpflichtet, sich nach ihren Ausführungsbestimmungen zu richten, so wie sie im amtlichen Text ausgedrückt sind; zur Verteidigung kann bei Verfolgung oder einem gerichtlichen Verfahren wegen Nichtbefolgung oder Nichtanwendung von Proklamationen, Gesetzen, Verordnungen, Bekanntmachungen und Befehlen oder irgendwelchen Schriftstücken nicht der Einwand erhoben werden, dass Ausdrücke des amtlichen Textes nicht verstanden worden seien oder dass ihre deutsche Übersetzung nicht der genauen Wiedergabe des amtlichen Textes entspricht.[35]

Die Deutschen jedoch hielten sich nicht immer an diese Anordnungen, sei es, weil sie der französischen Sprache nicht mächtig waren, sei es aus stillem Protest, also gewissermaßen aus zivilem Ungehorsam. Dulden wollten die Franzosen diese Widerborstigkeit nicht und ließen am 21. August 1945 Oberst Leis als kommissarisches Mitglied der Militärregierung an den saarländischen Regierungspräsidenten schreiben:

Es ist in letzter Zeit festgestellt worden, dass die Militärregierung immer häufiger Schreiben offizieller oder nichtoffizieller Art erhält, die ausschließlich in Deutsch geschrieben sind. Ich mache ausdrücklich darauf aufmerksam, dass für jeden Verkehr mit der Militärregierung die einzig zugelassene Sprache die französische ist. Allen Schreiben und Unterlagen, die an sie gerichtet sind, muss die Übersetzung ins Französische beigefügt sein. Sie wollen daher von neuem diese unbedingte Richtschnur den Ihrer Behörde unterstellten Verwaltungen und Dienststellen klarmachen sowie den Bewohnern Ihres Verwaltungsbezirks, und zwar in Ihrem eigenen Interesse, denn die Dienststellen der Militärregierung sehen sich gezwungen, jeden Schriftwechsel unerledigt zu lassen, der diesen Angaben nicht entspricht.[36]

Nunmehr wurde in den deutschen Dienststellen fieberhaft Französisch gelernt. Und da die Sprachkenntnisse unterschiedlich ausgeprägt waren, boten die Landräte den Bürgermeistern Hilfestellung an, so der des Kreises St. Ingbert: »Berichte der Gemeinden an die Militärregierung werden von meinem Amte in die franz. Sprache übersetzt.«[37]

Die »Bewältigung« der Arbeitslosigkeit

Eine Kuriosität am Rande, die auch mit der Sprache zu tun hat und mit der die aktuell Regierenden manches Problem auf einen Schlag lösen könnten: Zwangsläufig waren nach Ende des Krieges Millionen Deutsche arbeitslos. Da aber aus Sicht der – in diesem Fall sowjetischen – Besatzungsmacht nicht sein konnte, was nicht sein durfte, untersagte am 23. Juni 1945 die sowjetische Kommandantur die Anwendung des Begriffs »Arbeitslosigkeit« und verbot dem Berliner Magistrat gleichzeitig die Meldung von irgendwelchen Arbeitslosenzahlen.[38]

Die Amtssprache war das eine, die ganz normale Umgangssprache das andere. Auch hier hatten die Deutschen ihre Schwierigkeiten, insbesondere, wenn es darum ging, über die jüngste Vergangenheit zu reden. Aus Unsicherheit und um den neuen Herren nicht zu missfallen, vermieden es viele deutsche Stellen in diesen ersten Nachkriegswochen, die Abkürzung »NSDAP« oder den Begriff »Nationalsozialist« in den Mund zu nehmen oder zu Papier zu bringen. Von »Faschisten« sprachen in der Regel nur die Kommunisten, die Übrigen veranstalteten eher sprachliche Klimmzüge, um das nunmehr Unaussprechliche doch zu sagen. Der Leiter des Bauamtes im Berliner Bezirk Kreuzberg erwies sich dabei als besonders gewandt. Er formulierte: »Es wird gebeten, die im dortigen Bezirk noch bestehenden Gedenktafeln bzw. Gedenksteine der verflossenen Partei umgehend zu entfernen. Für notwendige Straßenumbenennungen, die nach Pg.'s riechen, erbitte ich Vorschläge.«

Etwaige Klippen waren damit umschifft, und doch wusste jeder, wer und was gemeint war.[39] Die Funktionsträger der NSDAP waren nicht mehr Ortsgruppenführer oder Ähnliches, sondern nun oftmals »Nazi-Häuptlinge«. Allerdings hatten die deutschen Behörden auch Schwierigkeiten damit, die Siegermächte korrekt zu benennen. Sie waren in ihren Köpfen, kurz nach Kriegsende wenig verwunderlich, eben immer noch »Feinde«, was den Alliierten zwangsläufig missfiel. Der Geraer Oberbürgermeister Dr. Rudolf Paul musste deshalb am 29. Juni 1945 an alle Dienststellen diese Anweisung herausgeben:

Seitens der Militär-Regierung wird darauf hingewiesen, dass in amtlichen Schreiben deutscher Dienststellen der Ausdruck »Feindbesetzung« vorkommt, wie überhaupt amerikanische, russische oder sonstige alliierte Truppen als »Feinde« bezeichnet werden. Die Militär-Regierung wünscht, dass diese Ausdrücke, welche eine Feindschaft andeuten wollen, unterbleiben. Nachdem der Kriegszustand aufgehört hat, betrachten sich die Alliierten nicht mehr als Feinde Deutschlands, sondern sind in Deutschland als Besatzungstruppen. Die Ausdrücke sind demgemäß in Zukunft zu ersetzen, beispielsweise durch »Besatzung« oder »amerikanische Truppe« oder ähnl.[40]

In diesem Punkt zeigten sich die Siegermächte unisono äußerst sensibel. Sie wollten nicht »Feinde« genannt werden. Allerdings stufte beispielsweise die amerikanische Regierung die deutschen kriegsgefangenen Soldaten nicht als »Kriegsgefangene« ein, sondern als Angehörige einer feindlichen Armee. Der profane Hintergrund: Kriegsgefangene hätten nach der Genfer Konvention Anspruch auf höhere Lebensmittelrationen gehabt, als sie den deutschen Gefangenen tatsächlich zugestanden wurden. In den »grundlegenden Zielen der Militärregierung« hieß es überdies: »Deutschland wird nicht besetzt zum Zwecke seiner Befreiung, sondern als ein besiegter Feindstaat.«

Vase soll zur Wase werden

Auch der nächste Vorgang zeigt, dass in den ersten Nachkriegsjahren die Deutschen nicht nur mit dem nackten Über-

Die Sprache der Sieger im Stadtbild: sowjetische Wegweiser im Berliner Bezirk Wedding, aufgenommen im August 1945.

lebenskampf befasst waren. Im folgenden Fall versuchten die Akteure, mit einer neuen Sprachgestalt den Aufbruch zu gewandelten Verhältnissen zu signalisieren.

So erarbeitete unter sowjetischer Aufsicht der »Vorausschuss zur Bearbeitung der Frage einer Rechtschreibreform bei der Deutschen Verwaltung für Volksbildung« eine Reihe von Vorschlägen, die denen der Rechtschreibreform, die die Deutschen 1999 traf, weit voraus waren. Auch hier kann man vermuten, dass den Siegermächten die »Herrschaft über die Sprache« als zentrales Problem galt.

---

1) Grundsätzlich Kleinschreibung bis auf Eigennamen (und ihnen gleiche Benennungen) und Satzanfang
2) v wird je nach Aussprache durch f oder w ersetzt (w nur für eingedeutschte Fremdworte – Wase=Vase)
3) x und wie x ausgesprochenes chs werden durch ks ersetzt.
4) qu wird durch kw ersetzt.
5) ph = f [...]
   Wie k ausgesprochenes ch = k (Choral = Koral).
   (Eigenname und Ableitungen, Christus)
6) y je nach Aussprache = i oder ü [...]

Die Durchführung dieser Änderungen ist ausnahmslos, würde rund 40 bis 50% der bekanntesten Schulfehler beseitigen und eine sehr große Zeitersparnis in der Schule mit sich bringen. Die Umstellungsschwierigkeiten sind sehr gering.

Vorschläge, deren Erfüllung wünschenswert ist, bei denen aber Zweifel darüber bestehen, ob sie im jetzigen Augenblick den Erwachsenen zugemutet werden können.

1) Schärfung und Dehnung der Selbstlaute. Nur Schärfung wird bezeichnet, und zwar stets durch Verdopplung des folgenden Mitlauts, die Dehnung bleibt in allen Fällen unbezeichnet. Es verschwinden also alle Dehnungszeichen.

2) *Die s-Frage.* Ihre Lösung wird wesentlich erleichtert durch die Einführung der lateinischen Schrift, die sowieso kein rundes s und kein ß kennt. Es bleiben also ein weiches s und ein scharfes s = ss, wie jetzt schon bei jeder Schreibmaschinenschrift üblich. Mit beiden Regelungen würde ein wirkliches Schulkreuz beseitigt.

Bemerkungen:
Bei allen Änderungen ist zu berücksichtigen, daß sie nicht nur für Eigennamen gelten und nicht für spezielle Fachausdrücke.
Unter »Aussprache« ist stets die deutsche Bühnenaussprache (Siebs) zu verstehen.

Weitere Arbeit.
[...] Nach diesen Beschlüssen werden die im Laufe des Sommers herauszubringenden Schulbücher gedruckt. Auf eine allgemeine Anweisung zur Einführung der neuen Vorschriften wird für die nächsten 2 Jahre verzichtet. Es steht zu erwarten, daß in dieser Übergangszeit sowohl die Zeitungen als auch die Buchverleger nach und nach sich auf die neue Rechtschreibung umstellen.[41]

Letztlich machte der Vorausschuss seine Arbeit jedoch umsonst, denn seine Vorschläge traten nicht in Kraft, sondern verschwanden in den Aktenschränken der Bürokratie.

Flugverbot für Brieftauben

Entwaffnung, Demontage, Plünderung

Neben der Kontrolle über die Waffen in den Händen der Deutschen, versuchten die Besatzungsmächte auch Kontrolle über die Kommunikationsmittel zu erlangen. Um möglicherweise geheimdienstliche Tätigkeiten frühzeitig zu unterbinden, wurden zahlreiche Befehle erlassen, die heute merkwürdig anmuten. So waren Ende April die Amerikaner in Karlstadt einmarschiert und hatten der Bevölkerung als Erstes befohlen, Schusswaffen, Fotoapparate und Rundfunkempfänger bei der Militärregierung abzuliefern. Amtsgerichtsrat Heinz Fuchs verschwieg den Besitz einer Kamera und wurde deshalb am 16. Mai zu dreißig Tagen Gefängnis verurteilt. Ein besonderes Augenmerk richteten die Besatzungsmächte jedoch auf Brieftaubenzüchter. Schon nach dem von Deutschland verlorenen Ersten Weltkrieg hatten Brieftauben an die Sieger abgegeben werden müssen, da sie zur Nachrichtenübermittlung hätten dienen können. 1945 sah dies nicht anders aus, auch wenn das Verfahren angesichts fortgeschrittener Nachrichtentechnik doch etwas antiquiert wirkte. Dennoch: Gerade die Franzosen legten Wert auf ein »Flugverbot« für Brieftauben und drohten bei Verstößen mit härtesten Strafen:

Bekanntmachung

über die Zählung und Anmeldung der Brieftauben

Im Auftrage der Militär-Regierung des Saargebietes wird hiermit eine

Zählung der Brieftauben angeordnet.

Die Eigentümer und die Besitzer der Brieftauben sind verpflichtet, die Brieftauben bei dem Bürgermeisteramte ihres

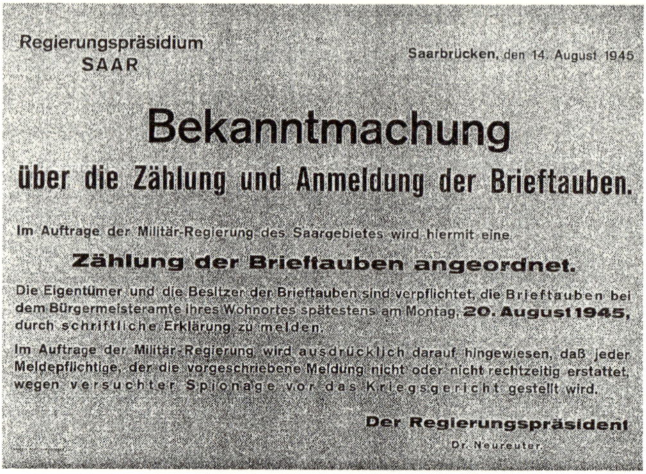

Regierungspräsidium
SAAR

Saarbrücken, den 14. August 1945

Bekanntmachung

über die Zählung und Anmeldung der Brieftauben.

Im Auftrage der Militär-Regierung des Saargebietes wird hiermit eine

Zählung der Brieftauben angeordnet.

Die Eigentümer und die Besitzer der Brieftauben sind verpflichtet, die Brieftauben bei dem Bürgermeisteramte ihres Wohnortes spätestens am Montag, **20. August 1945**, durch schriftliche Erklärung zu melden.

Im Auftrage der Militär-Regierung wird ausdrücklich darauf hingewiesen, daß jeder Meldepflichtige, der die vorgeschriebene Meldung nicht oder nicht rechtzeitig erstattet, wegen versuchter Spionage vor das Kriegsgericht gestellt wird.

Der Regierungspräsident
Dr. Neureuter.

Was sich überhaupt nur zählen ließ, ließen die französischen Stellen zählen: Brieftauben, Hunde und auch Beute-Pferde.

Wohnortes spätestens am Montag, 20. August 1945,
durch schriftliche Erklärung zu melden.
Im Auftrage der Militär-Regierung wird ausdrücklich
darauf hingewiesen, dass jeder Meldepflichtige, der die
vorgeschriebene Meldung nicht oder nicht rechtzeitig
erstattet, wegen versuchter Spionage vor das Kriegsgericht
gestellt wird.[42]

Diese Bekanntmachung des saarländischen Regierungspräsidenten Neureuter vom 1. August 1945 belegt, welche Bedeutung die Franzosen Brieftauben als möglichen Nachrichtentransporteuren beimaßen. In allen Gemeinden des Saarlandes wurde die Bekanntmachung auf Plakaten den Bürgern nahegebracht sowie zusätzlich – laut Anordnung des Regierungspräsidenten – durch die »Dorfschelle« verkündet. In vielen Gemeinden wurden noch in den Nachkriegsjahren die neuesten Nachrichten der Gemeindeverwaltung durch einen so genannten Schellenmann unter das Volk gebracht, der sie auf Straßen und Plätzen verlas und das Amtsdeutsch den Bürgern verständlich übersetzte. Darüber hinaus gab es örtliche Informationsblätter mit dem Titel »Dorfschelle«, die sich teilweise bis heute erhalten haben.

Das Brieftaubenverbot galt in der französischen Besatzungszone noch lange Zeit. Am 20. November 1947 verwies die Militärregierung des Saarlandes erneut darauf, dass »Haltung, Aufzucht, Dressur und Benutzung von Brieftauben durch saarländische Privatleute oder Gesellschaften« weiterhin verboten seien. Das französische Gesetz über die Brieftaubenzucht gelte im Saarland nicht, aber unter gewissen Umständen könne es Ausnahmen geben, wie der Landrat von St. Ingbert am 25. November mitteilte: »Dem Herrn Kreisdelegierten (Commissariat de la Sûreté) ist eine Erklärung der Züchter, Dressierer und Anzahl der gezüchteten Brieftauben zwecks Genehmigung vorzulegen.«

Wichtiger war diese Passage: »Falls durch Privatpersonen, Detektive, Polizeibeamte oder sonstige Organe Brieftauben abgefangen werden, sind sie umgehend bei dem Commissariat de la Sûreté abzugeben oder zu melden. Die vorstehenden Bestimmungen sind strengstens zu beachten und der Bevölkerung in der ortsüblichen Weise bekanntzugeben.«[43]

Anscheinend nahmen die Deutschen das Brieftauben-Verbot um so weniger ernst, je länger der Krieg zurück lag, womit sie jedoch die Rechnung ohne die französische Besatzungsbehörde gemacht hatten. Noch am 13. Januar 1949 musste der Landrat von St. Ingbert den Bürgermeistern in seinem Kreis die entsprechenden Befehle in Erinnerung rufen:

Von der Dienststelle des Hohen Commissars in Neunkirchen wird darauf hingewiesen, dass die Bestimmungen der französischen Militärregierung über das Halten von Brieftauben immer noch Gültigkeit haben. Danach ist vorläufig das Halten von Brieftauben erlaubt, wenn der Taubenhalter seinen Bestand an Brieftauben ordnungsgemäß angemeldet hat. Jede Brieftaubenveranstaltung einschl. Brieftaubenausstellung ist untersagt. Von der Dienststelle des Hohen Commissars wird ausdrücklich darauf hingewiesen, dass Anträge von Brieftaubenhaltern zum Abhalten von Brieftaubenausstellungen keine Aussicht auf Genehmigung haben. Auf keinen Fall dürfen solche Anträge von den Bürgermeistern vorgelegt oder gar selbst genehmigt werden. Die genaue Einhaltung dieser Bestimmungen wird zur Pflicht gemacht.[44]

Das versteckte Wehrmachts-Pferd

Obwohl es in der Nachkriegszeit sicherlich Wichtigeres als Tierzählungen gab, mussten die Deutschen auf Befehl der Besatzer gerade hierauf einen großen Teil ihrer Kraft verwenden. So verlangten die Franzosen im Saarland nach einer exakten Aufstellung über alle Pferde, Maulesel, Pferdegeschirre und pferdebespannten Fahrzeuge, die der Wehrmacht gehört hatten – und dies bereits im September 1945. Es genügte nicht etwa die zahlenmäßige Angabe, sondern zu jedem Pferd und Maulesel waren das Alter des Tiers sowie Name und Anschrift des derzeitigen Besitzers aufzunehmen.

Das Regierungspräsidium Saar musste denn auch am 7. September 1945 folgende Anweisung weiterleiten:

Jeder Besitzer der unter die Meldepflicht fallenden Tiere und Geräte muss sie bis spätestens 15. September 1945 beim zuständigen Bürgermeisteramte schriftlich anmelden. Die Anmeldung ist auch dann obligatorisch, wenn der jetzige Besitzer das Tier oder das Gerät durch Kauf oder Tausch erlangt hat. [...] Die Militärregierung macht ausdrücklich darauf aufmerksam, dass etwaige Verstöße gegen diese Meldepflicht besonders schwere Strafen nach sich ziehen.

In allen Gemeinden des Saarlandes waren nun die entsprechenden Befehle bekannt zu machen, und in einer Notiz an die Landräte forderte das Regierungspräsidium, notfalls Boten einzusetzen, damit die Listen – natürlich zweisprachig, untergliedert nach Gemeinden und Kreisen und in sechsfacher Ausfertigung – termingerecht der französischen Besatzungsmacht übergeben werden könnten.[45] In der Mehrzahl der Fälle gelang es Regierungspräsident Neureuter dem Gouverneur des Saargebietes, Colonel Grandval, pünktlich die Aufstellungen zu übermitteln, jeweils mit dem »Ausdruck meiner ausgezeichneten Hochachtung«. Aber es gab auch Ausnahmen, die zusätzliche Aufregung verursachten. Übersehen worden war zum Beispiel ein Pferd im Stall eines Altenwalder Metzgers, was eine Untersuchung des Vorfalls durch den hauptamtlichen Bürgermeister von Sulzbach in Gang setzte. Dieser fasste seine Ermittlungsergebnisse am 29. November 1945 folgendermaßen zusammen:

Laut Verfügung des Herrn Landrats vom 6.9.45 war eine Zählung von Pferden, pferdebespannten Fuhrwerken und Geschirren angeordnet. Bei dieser Meldung hat der Metzgermeister Nikolaus Paulus, wohnhaft in Altenwald, Hauptstraße, ein Pferd angegeben.

Bei der 2. Verfügung vom 10.9.45, zusätzliche Zählung von Pferden usw., die der deutschen Wehrmacht gehörten, hat Paulus die Meldung unterlassen. Da Paulus vor dem Rückmarsch der deutschen Truppen kein Pferd besaß, bestand hier schon die Vermutung, dass sein Pferd aus den Beständen der deutschen Wehrmacht stammt. Aus diesem Grunde wurde Paulus besonders aufgefordert, sein Pferd zu dieser Erfassung zu melden. Dieser Aufforderung ist Paulus nicht nachgekommen. Wie nun hier durch Zeugen gemeldet wird, soll Paulus das Pferd beim Rückmarsch der deutschen Truppen auf dem Marktplatz Altenwald eingefangen haben.[46]

Warum die Franzosen auf einer Erfassung aller ehemaligen Wehrmachtspferde bestanden, ließ der Sulzbacher Bürgermeister – bewusst oder unbewusst – unter »Betrifft« erkennen: Er fügte hier ein: »Zählung von Beutepferden«, denn um nichts anderes ging es. Ehemalige Wehrmachts-Pferde waren für französische Ställe oder auch Metzgereien bestimmt.

Der Begriff »Eigentum« schien für viele der Sieger weitestgehend ein Fremdwort, zumindest wenn es um deutsches Eigentum ging. Unterschieden werden muss allerdings an dieser Stelle zwischen den Demontagen ganzer Industriekomplexe in Folge der Reparationsforderungen zur Begleichung der durch Deutschland verursachten Kriegsschäden, auf die hier nicht eingegangen werden soll, den Requirierungen zur Deckung des Bedarfs der Besatzungstruppen in Deutschland und schließlich den Diebstählen und Plünderungen, die einzig aus dem Grund erfolgten, sich persönlich zu bereichern.

Zunächst bedienten sich alle Siegermächte der »Pg.-Wohnungen«, um sich im besetzten Land so komfortabel wie nur eben möglich einzurichten. Diese Wohnungen waren in der Regel besser ausgestattet als die der übrigen Bevölkerung, und vor allem Amerikaner und Franzosen wussten es zu schätzen, dass hier manche Kostbarkeit das Kriegsende überdauert hatte. Endlose »Bestelllisten« übergaben sie den deutschen Stellen, mit denen diese das Gewünschte schnellstens zu beschaffen hatten; eine nicht immer ganz einfache Aufgabe.

Am 13. Juli 1945 mussten auf Anordnung der amerikanischen Kommandantur in Berlin »400 Gardinen aus Pg.-Haushaltungen« beschlagnahmt werden. Dies gelang zwar, doch hieß es in der Stellungnahme der »Zentrale der Selbstverwaltung« vom 31. Juli: »Die Gardinen kamen sehr langsam herein. Es musste mehrmals zur Abgabe aufgefordert werden.« Oder: »Befehl der amerikanischen Kommandantur auf Sofortlieferung von 12 Laken, 6 Kopfkissen (17. 7. 45)« – Kommentar der deutschen Seite: »Um die verlangten Gegenstände sofort oder wenigstens bis zum nächsten Morgen zu erhalten, wurde das ganze Büropersonal eingesetzt und die Pg.'s zur sofortigen Abgabe aufgefordert. Bis 18. 7. 45 war der Auftrag durchgeführt.«

Schwieriger war es für die deutsche Verwaltung, dem Befehl der US-Kommandantur zur Lieferung von vier elektrischen Kühlschränken nachzukommen. Diese waren damals zwar in den Haushalten der USA bereits gang und gäbe, doch in Deutschland die absolute Ausnahme. Trotzdem: Selbst in der Trümmerlandschaft Berlins ließen sich am Ende immerhin zwei Kühlschränke auftreiben: »Hierfür wurde ein direkter Weg gewählt. Straßen mit starker Pg.-Durchsetzung wurden mit dem deutschen Dolmetscher aufgesucht und dabei 2 elektrische Kühlschränke beschlagnahmt, sogleich abmontiert und auf den amerikanischen Wagen verladen.«

Übrigens waren gleich nach Einmarsch der Sowjets in Berlin die meisten Schreibmaschinen der Pg. eingezogen und den von ihnen beauftragten Straßenobmännern überlassen worden. Allerdings: Die betrachteten diese Kostbarkeiten offensichtlich als persönlichen Schatz, weshalb bereits am 2. August die Aufforderung erging, zu melden, »welche Straßenobmänner Schreibmaschinen, die bei ehemaligen Parteigenossen beschlagnahmt worden sind, für eigene dienstliche Zwecke als Straßenobmann vorläufig zurückbehalten haben«.

Bei diesen Requirierungen war die Grenze zur Plünderung nur allzu leicht zu überschreiten. Wer konnte schon entscheiden, wo tatsächlich der Bedarf der Besatzungstruppen gedeckt werden sollte oder wo sich Einzelne auf Kosten der Bevölkerung bereichern wollten.

Stilvoll leben im zerstörten Land

Die amerikanische Besatzungsmacht zeichnete ein offensichtlich unersättliches Verlangen nach Haushaltsgegenständen aller Art aus, nach Geschirr und Tischwäsche, um es sich in den Offiziers-Wohnungen und -Clubs möglichst gemütlich zu machen. Am 10. Juli mussten in Berlin eiligst beschafft werden: Je zweihundert Suppenteller, Kaffeetassen, Untertassen, Gabeln, Messer, große flache Teller, je 25 Salz- beziehungsweise Pfefferstreuer sowie »20 Tische, 75 cm hoch, 120 cm breit, 65 cm lang«. Am 17. Juli ging es um die »Sofortlieferung« von »7 Esstischen, 3 m lang, 12 elektr. Ventilatoren, 30 cm Durchmesser, 20 Tischen, 75 cm hoch, 1,30 m lang, 65 cm breit«, und nach diversen weiteren Anforderungen dann am 20. Juli um »36 Likörgläser, 42 Wassergläser, 3 Tortenheber, 1 Suppenkelle, 6 gr. Tischtücher, 12 Scheuertücher«. Wiederum ausdrücklich aus »Pg.-Haushaltungen« waren dann am 24. Juli je hundert Essteller, Tassen, Untertassen, Suppenteller, Messer und Teelöffel zu requirieren, dazu: »25 Wasserkannen, je 20 Salzstreuer, Pfefferstreuer, Fleischplatten, Soßenschlüsseln, Zuckerdosen, Sahnekännchen«, nicht zu vergessen jeweils zwanzig »Töpfchen für Mostrich« und Essigkaraffen.

Da mochte die französische Besatzungsmacht nicht zurückstehen. Sie bediente sich ebenfalls in Berliner Wohnungen, wenngleich in kleinen Dingen bedeutend zurückhaltender. Sicherlich ist dies auch darauf zurückzuführen, dass vor ihnen bereits Sowjets und Amerikaner die meisten Wohnungen ausgeräumt hatten und den Franzosen wenig übrig geblieben war. Immerhin: 300 Schlafdecken, Teller, Löffel und Gabeln hatten die Berliner am 9. Juli abzuliefern, und 200 Damen- und Herrengarderoben, ebenso viele Garnituren Herren- beziehungsweise Damen-Wäsche sowie Geschirr und Besteck waren am Tag darauf dem französischen Militärkommandanten zu übergeben.

Fordernder ging die französische Besatzungsmacht in ihrer westdeutschen Besatzungszone vor. Hier konnte sie Ressourcen in erheblich größeren Dimensionen als in Berlin in Anspruch nehmen. Ausgeruht wollten die Franzosen zum Beispiel das besetzte Saarland regieren. Schlafzimmer und vor allem Betten brauchten sie, und die hatten natürlich die Deutschen zu beschaffen. Gleich nach Kriegsende hatten sich zwar schon einmal die Amerikaner bedient, aber dann waren die Franzosen am Zuge, die die US-Truppen abgelöst hatten. Als im Oktober 1945 ein größerer Bettenbedarf bestand, war der Markt bereits leergefegt. Am 19. Oktober 1945 erhielt Saarbrückens Oberbürgermeister Dr. Heim eine Vollmacht von Regierungspräsident Neureuter zur Requirierung von »72 Schlafzimmern und 42 kompletten Betten«.[47] Weil jedoch im Stadtgebiet eine solche Anzahl überhaupt nicht mehr vorhanden war, wandte sich der Oberbürgermeister noch am selben Tag an das Regierungspräsidium Saar: »Da in der Stadt Saarbrücken Betten und Schlafzimmer in einem solchen Umfang requiriert wurden und die voraufgeführten Gegenstände auch im Entferntesten nicht zu beschaffen sind, bitte ich das Requisitionsamt der Stadt Saarbrücken, diese Gegenstände im Saargebiet zu requirieren.«[48]

Fündig wurden die Deutschen dann doch noch und waren sogar »erfolgreicher« als befohlen. Denn am 31. Oktober

1945 wollte Regierungspräsident Neureuter vom Oberbürgermeister wissen, »wieso Herr Schollmeier außer den angeführten Einrichtungsgegenständen Radios usw. requirieren konnte«[49].

Obwohl in den Häusern Saarbrückens kaum mehr etwas zu holen war, erhielten die deutschen Behörden ständig neue Befehle der Besatzungsmacht zur Requisition von kompletten Wohnungseinrichtungen oder Gegenständen. Am 23. November 1945 wurde Saarbrückens Oberbürgermeister mit einer Liste konfrontiert. Zu Gunsten der Militärregierung und auf der Grundlage »der Anweisung des Herrn Gouverneurs vom 28.9.1945 – DREF/Cab/Nr.4« sollten innerhalb weniger Tage diese Gegenstände beschlagnahmt werden:

a)	Komplette Schlafzimmer	=	71
b)	Einzelbetten	=	77
c)	Diwans und Couchs	=	7
d)	Schreibtische u. Schreibmaschinentische	=	56
e)	Sessel	=	128
f)	Schränke	=	47
g)	Stühle	=	276
h)	Tische	=	123
i)	Teppiche	=	63
j)	Radios	=	7
k)	Kühlschränke	=	3
l)	Kohleöfen	=	103
m)	Gas- oder Elektroherde	=	5
n)	Bügeleisen	=	15
o)	Staubsauger	=	8
p)	Lampen und Leuchter	=	121
q)	Wasch- und Nachttische	=	23
r)	Schreibmaschinen	=	4
s)	Kassenschränke	=	4

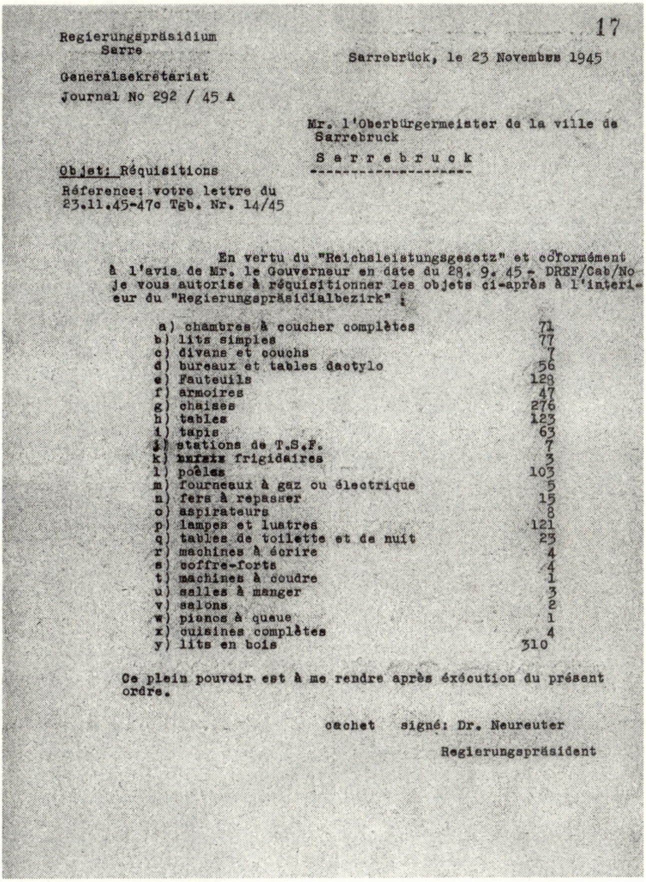

17

Regierungspräsidium
Sarre

Sarrebrück, le 23 Novembes 1945

Generalsekretariat
Journal No 292 / 45 A

Mr. l'Oberbürgermeister de la ville de
Sarrebruck

S a r r e b r u c k

Objet: Réquisitions

Réference: votre lettre du
23.11.45-47c Tgb. Nr. 14/45

En vertu du "Reichsleistungsgesetz" et coformément à l'avis de Mr. le Gouverneur en date du 28. 9. 45 - DREF/Cab/No je vous autorise à réquisitionner les objets ci-après à l'interieur du "Regierungspräsidialbezirk" :

a)	chambres à coucher complètes	71
b)	lits simples	77
c)	divans et couchs	7
d)	bureaux et tables dactylo	56
e)	Fauteuils	128
f)	armoires	47
g)	chaises	276
h)	tables	123
i)	tapis	63
j)	stations de T.S.F.	7
k)	[illegible] frigidaires	3
l)	poêles	103
m)	fourneaux à gaz ou électrique	5
n)	fers à repasser	15
o)	aspirateurs	8
p)	lampes et lustres	121
q)	tables de toilette et de nuit	25
r)	machines à écrire	4
s)	coffre-forts	4
t)	machines à coudre	1
u)	salles à manger	3
v)	salons	2
w)	pianos à queue	1
x)	cuisines complètes	4
y)	lits en bois	310

Ce plein pouvoir est à me rendre après éxécution du présent ordre.

cachet signé: Dr. Neureuter

Regierungspräsident

Schnell zu Papier gebracht, doch schwer umzusetzen: Requirierungsliste für Saarbrückens Oberbürgermeister.

t)	Nähmaschinen	=	1
u)	Esszimmer	=	3
v)	Herrenzimmer	=	2
w)	Flügel	=	1
x)	komplette Küchen	=	4
y)	Holzbetten	=	310[50]

Neben dieser Massenbestellung, die vermutlich den Bedarf französischer Offiziersfamilien decken sollte, gab es immer wieder »spontane« Wünsche, so die nach vier erstklassigen Herrenzimmern, die der Saarbrücker Standortkommandant Oberstleutnant Pommeret am 17. Oktober 1945 für sich reklamierte.

Nicht nur gut schlafen wollten die Franzosen im Saarland, sondern sich auch entspannen. Vonnöten war hier unbedingt ein Billardtisch, den zu beschaffen sich als außerordentlich schwierig herausstellte. Am 15. September 1945 erging diese Order:

Ich erteile hierdurch dem Herrn Oberbürgermeister der Stadt Saarbrücken gemäß einem Befehl des Herrn Platzkommandanten Oberstleutnant Pommeret, Saarbrücken, [den Befehl] ein Billard zu requirieren. Die Requisition dieses Gegenstandes kann im ganzen Regierungsbezirk durchgeführt werden, insbesondere im Bezirk der Amtsbürgermeisterei Dudweiler. Demgemäß weise ich hiermit sämtliche mir unterstellten Dienststellen an, den entsprechenden Requisitionsersuchen des hierzu ermächtigten Oberbürgermeisters der Stadt Saarbrücken unverzüglich Folge zu geben.[51]

Oberstleutnant Pommeret hatte sich nun einmal in den Kopf gesetzt, Billard zu spielen, womit er die deutsche Verwaltung zur Verzweiflung brachte. Im gesamten Saarland gab es offensichtlich nur ein einziges Billardspiel, in Dudweiler. Doch der dortige Bürgermeister wehrte sich gegen die Beschlagnahme. Wieder wandte sich der Oberbürgermeister Hilfe suchend an den Regierungspräsidenten:

Auf Befehl des Platzkommandanten, Herrn Oberstleutnant Pommeret, Befehl-Nr. 639 C A vom 15.9.1945 (letztmaliger

Termin) muss bis heute Abend, Montag, den 15.10.1945, ein Billard nach Transmissions-Komp. Dudweilerstr. 17 (Offiziersheim) angeliefert sein. Es ist unmöglich, dieses Billard in Saarbrücken zu beschaffen.

Ich beziehe mich auf das Schreiben des Herrn Platzkommandanten vom 5. Okt. 1945, das er im Auftrage des Herrn Gouverneurs an Sie und an mich gerichtet hat, und bitte Sie, den Herrn Bürgermeister in Dudweiler anzuweisen, die Requisition des Billard für den oben erwähnten Befehl in Dudweiler zu dulden. Vollzugsmeldung werde ich erstatten.[52]

Oberstleutnant Pommeret hat seinen Billardtisch dann doch nicht bekommen. Am 19. Februar 1946 gab der Saarbrücker Oberbürgermeister die ihm erteilte Vollmacht zur Beschlagnahme an den Regierungspräsidenten zurück und begründete diesen Schritt damit, die Vollmacht sei gegenstandslos geworden. Der Befehl sei nicht durchführbar gewesen, die zuständige militärische Dienststelle sei über den Sachverhalt zu unterrichten. Die Reaktion des Oberstleutnants auf diesen Verlauf der Requisition ist nicht überliefert.

Mobiliar Vertriebener »geliehen«

Auch nachdem sich die französischen Besatzungstruppen im Saarland in den deutschen Wohnungen bedient hatten, nahmen die Requisitionen kein Ende. Denn nun zogen immer mehr Familienangehörige und Zivilbedienstete aus Frankreich nach, die ebenfalls versorgt werden wollten. Zur gleichen Zeit hatte die französische Militärregierung damit begonnen, einen großen Personenkreis aus dem Saarland auszuweisen. Dazu gehörten politisch Verdächtige und Missliebige, vor allem aber Nicht-Saarländer. Teilweise wurden sie in die amerikanische, britische oder sowjetische Besatzungszone abgeschoben, teilweise in das heutige Rheinland-Pfalz oder das heutige Baden-Württemberg. Davon ausgehend, dass Frankreich das Saarland auf Dauer behalten wollte, hatte die Militärregierung bei diesen Ausweisungen vor allem Personen im Auge, die als Gegner eines Anschlusses an Frankreich bekannt waren. Doch egal, was letztlich für die Deportationen ausschlaggebend war: Es boten sich zusätzliche Möglichkeiten, Wohnungen und Wohnungseinrichtungen für die Besatzungstruppen zu beschlagnahmen.

Offiziell sollte zwar im Frühjahr 1946 keine Requisition von Möbeln mehr stattfinden, aber die Franzosen wussten sich zu helfen, so auch Bataillonskommandeur Naves, Kreisdelegierter von Homburg. Er schrieb am 18. Mai 1946 dem Landrat: »Da durch das Niederlassen von franz. Staatsangehörigen im Saargebiet immer noch Bedarf an Möbeln vorliegt, wird im Kreis ein Lager eröffnet, in dem Möbel aufbewahrt und entnommen werden je nach Bedarfsfall. Diese Lager werden von Herrn Landrat organisiert, der die Verantwortung dafür trägt unter Kontrolle der Militärregierung. Sie werden mit Möbeln, die von Haushalten ausgewiesener Familien stammen, aufgebaut. Zu diesem Zwecke, um jegliches Verschwinden von Möbeln auszuschalten, muss, sobald diesbetreffende Familien den Ausweisbescheid erhalten, ein Inventar des genannten Mobiliars aufgestellt werden.« Bloße Augenwischerei war, dass die Möbel der Ausgewiesenen deren Eigentum bleiben sollten. Da die Auslegung des Befehls bei den Landratsämtern »einen Verlust des Eigentumsrechtes der Rückgeführten an ihrem zurückgelassenen Hab und Gut befürchten ließ«, bat das Regierungspräsidium Saar die »section des personnes deplacés« der Militärregierung um Klärung und bekam dies zu hören: »Die Möbel aller Ausgewiesenen und Rückgeführten sind zur Sicherung vor Verschleppung und Beschädigung listenmäßig zu erfassen und in zentralen Sammelstellen sicherzustellen. Sie bleiben Eigentum der bisherigen Eigentümer und sollen ohne Unterschied an bedürftige Familien unter Kontrolle der Militärregierung, im Bedarfsfall an französische und deutsche Familien ausgeliehen werden.«[53] Nun war der neuen Linie der Militärregierung Genüge getan, es wurde nicht mehr requiriert, sondern nur noch »ausgeliehen« – die Wirkung war dieselbe.

Eine Randnotiz aus dieser Zeit: Ansprüche erhoben nicht nur Franzosen, auch die Deutschen ließen ihre Beziehungen schon wieder spielen. Der Saarbrücker Oberbürgermeister verfügte bereits über ein kleines Kontingent an Wohnungen, die in erster Linie zur Unterbringung von Mitarbeitern der Verwaltung gedacht waren. So weit die Theorie, die Praxis sah bisweilen anders aus. So hatte Anfang Mai 1946 die Frau eines Oberregierungsrates beim Regierungspräsidenten unter Umgehung des Amtsweges eine Wohnung für gute Bekannte besorgen wollen.

Diese zeigten sich aber anspruchsvoller als der Zeit angemessen: »Frau Schulte, die Gattin des Herrn Oberregierungsrats Schulte, teilte dem Regierungspräsidium mit, dass die Wohnung in der Gustav-Bruch-Straße 48 nicht für Frau Matthias Braun oder Herrn Dr. Heinz Braun in Frage kommt, da sie zu klein sei. Außerdem reflektieren sowohl Frau Braun als auch Herr Dr. Heinz Braun nach Aussage von Frau Schulte auf eine komplett möblierte Wohnung mit Wäscheausstattung. Ich bitte hiervon Kenntnis zu nehmen. Für die Zuweisung von je einer Wohnung für die Wohnungssuchenden bitte ich besorgt zu sein.
gez. Dr. Neureuter – Regierungspräsident.«[54]

Dass angesichts der allgemeinen Wohnungsnot von einflussreichen Personen versucht wurde, die Bestimmungen zu umgehen, verwundert wenig, eher schon, dass dies auch noch schwarz auf weiß für die Nachwelt festgehalten wurde.

Bevorzugung alter Nazis

Es lag auf der Hand, dass die Franzosen zunächst und der Einfachheit halber im nicht mehr dicht bewohnten, aber noch dicht bebauten Saarbrücken und im Landkreis Saarbrücken requirieren ließen. Dies führte mit der Zeit zu erheblichem Unmut unter den Bürgern, die sich gegenüber den anderen Teilen des Saarlandes benachteiligt fühlten, zumal auf Befehl der Militärmacht einige saarländische Gemeinden ausdrücklich von Requisitionen ausgenommen waren:

Verfügung

Der Herr Oberbürgermeister der Stadt Saarbrücken wurde durch Verfügung des Regierungspräsidiums SAAR – Generalsekretariat – in Saarbrücken vom 23. November 1945 - TgbNr. 292/45 A – bevollmächtigt, innerhalb des Regierungspräsidialbezirks SAAR zu Gunsten der Militärregierung gemäß Anweisung des Herrn Gouverneurs vom 28. Septbr. 1945 – DREF/Cab/Nr. 4 – die Sicherstellung von Möbeln, Einrichtungsgegenständen, Gerät usw. vorzunehmen.

In Ausführung dieses Auftrages wird die von Herrn Oberbürgermeister der Stadt Saarbrücken entsandte Kommission hiermit ausdrücklich bevollmächtigt, in den Gemeinden des Kreises O t t w e i l e r die Sicherstellung von Möbeln, Einrichtungsgegenständen, Gerät usw. durchzuführen, jedoch *ausgenommen* in nachfolgend aufgeführten Gemeinden:

Ottweiler, Neunkirchen, Wiebelskirchen, Wemmetsweiler, Illingen, Eppelborn, Tholey und Theley.[55]

Die ungleiche Belastung der Bevölkerung durch Beschlagnahmen war häufig Thema, unter anderem bei den Besprechungen der Bürgermeister. Erschwerend kam hinzu, dass im

Saarland – anders als in den anderen Besatzungsgebieten – Angehörige und Mitglieder der früheren NSDAP bei den Requisitionen offensichtlich teilweise bevorzugt wurden und weitgehend verschont blieben. Im Gegensatz zu den übrigen Alliierten hatten sich die Franzosen bei der Entnazifizierung für die Einzelfallprüfung entschieden. Dies führte dazu, dass gleichgelagerte Fälle von Ort zu Ort – je nach der Einschätzung des Militärkommandanten – unterschiedlich bewertet werden konnten. Bei dem durchaus zu unterstellenden guten Willen der Franzosen konnte es nicht ausbleiben, dass dieses Verfahren zu einer ungleichen Behandlung und zu Ungerechtigkeiten führte, die in der Bevölkerung einen erheblichen Unmut auslösten.

Der Landrat des Landkreises Saarbrücken fasste in einem Schreiben vom 7. März 1946 an den Regierungspräsidenten die Beschwerden zusammen:

Durch die ständigen, in ihrer Form immer dringlicher werdenden Vorstellungen meiner amts- und hauptamtlichen Bürgermeister wurde ich bestimmt, bei der letzten Bürgermeister-Dienstversammlung die Besprechung dieses Beschwerdepunktes zur allgemeinen Erörterung zu stellen. [...] Klagen werden darüber geführt, dass es immer noch Personengruppen gibt, die von jeder Beschlagnahme freigestellt sind, z. B. Grubenbeamte. Dem Einwand, dass gerade dieser Personenkreis oft politisch sehr belastet ist, kann ich mich nicht verschließen. Dazu kommt, dass die Requisitionen einen Umfang angenommen haben, der für weite Kreise der Bevölkerung sehr fühlbare Opfer mit sich gebracht hat. Es kann daher nicht verstanden werden, dass diesen meistbetroffenen Kreisen gegenüber, die nicht immer politisch belastet sind, andere in voller Wohnlichkeit ohne jede Einschränkung verbleiben sollen.

Ich bitte daher dafür eintreten zu wollen, dass grundsätzlich die notwendigen Opfer von allen Bewohnern des Saarlandes gleichmäßig getragen werden.[56]

Immerhin – und dies verdient Erwähnung – war es zumindest im Saarland möglich, gegen Beschlagnahmen Einspruch zu erheben, jedenfalls dann, wenn nicht die Militärregierung die Befehle erteilt hatte, sondern wenn die deutschen Dienststellen die Requirierung ausdrücklich erlaubt hatten. Dies war erforderlich und kam vor, um die deutsche Selbstverwaltung funktionsfähig zu machen und sie mit den nötigsten Möbeln auszustatten, mit Büromaterial zu versorgen oder auf diese Weise für die Polizei Autos zu beschaffen. Für die entstehenden neuen Rundfunkanstalten wurde von deutscher Seite requiriert, doch nie nach eigenem Ermessen, sondern – wie erwähnt – stets ausschließlich in Absprache mit den alliierten Kommandanten. Waren deutsche Behörden eigenmächtig vorgegangen, konnte es durchaus zur Rückerstattung der Requirierungen kommen. Am 28. März 1946 etwa sollten in Piesbach Schlafzimmer und Küchenherd des Johann Lehnert beschlagnahmt werden. Lehnert protestierte, und der Regierungspräsident gab ihm Recht. Seinem Abteilungsleiter, der den Fall bearbeitete, teilte er am 24. August mit:

Ich bin mit Ihnen der Auffassung, dass die Beschlagnahmeverfügung aufgehoben und die Möbel – selbstverständlich gegen Rückerstattung des erlegten Kaufpreises – dem Beschwerdeführer zurückzugeben sind. [...] Die erfolgte Beschlagnahmeverfügung ist rechtsunwirksam, weil die gesetzlichen Voraussetzungen nicht vorliegen, denn zum einen hat ein militärischer Requisitionsbefehl nicht vorgelegen, zum anderen handelt es sich nicht um die Behebung eines Notstandes im Sinne des Reichsleistungsgesetzes. Das Kreisrequisitionsamt Saarlouis hat vorliegend in der Form und unter Berufung auf das gar nicht vorliegend anwendbare Reichsleistungsgesetz eine Beschlagnahme verfügt, um offenbar eine Wiedergutmachung sogenannter politischer Schäden herbeizuführen. Die Frage der politischen Wiedergutmachung, an deren künftigen gesetzlichen Regelung zurzeit gearbeitet wird, ist noch nicht erfolgt. Wie sie geregelt wird, kann daher noch nicht beurteilt werden; insbesondere kann nicht beurteilt werden, ob der streitgegenständliche Fall von der künftigen Regelung erfasst werden wird. [...] Aus allen diesen Gründen unterliegt die Beschlagnahmeverfügung des Kreisrequisitionsamtes der Aufhebung.[57]

Requisitionen nehmen kein Ende

Das vielschichtige Thema der Requisitionen kann hier nur schlaglichtartig beleuchtet werden. Um das Ausmaß anzudeuten, seien einige Zahlen aus Rheinland-Pfalz genannt. Dabei geht es also nicht um Demontagen, das heißt Reparationsleistungen auf nationaler Ebene, sondern ausschließlich um das, was Privatpersonen an die – in diesem Fall französischen – Besatzungstruppen abzugeben hatten. Nach einer Aufstellung des rheinland-pfälzischen Finanzministers waren dies seit Einmarsch der Franzosen bis zum 26. Februar 1948:

115270	Wolldecken
311128	Bettlaken
35666	Kochtöpfe
18216	Deckenbeleuchtungen
8563	Herde
109231	Essbestecke
9312	Schlafzimmer
8147	Radiogeräte

Aus der laufenden Produktion hatte die Landesregierung in Koblenz allein im Rechnungsjahr 1947 Güter im Wert von 5,583 Millionen Reichsmark zu beschaffen und französischen Familien zur Verfügung zu stellen, darunter:

20 123	Kochtöpfe
23 810	Essbestecke
6 733	Wolldecken
4 605	Bettlaken
1 634	Deckenbeleuchtungen
1 624	Schlafzimmer[58]

Komplette Hopfenernte requiriert

Hatten die regionalen Kommandanten ihre speziellen Wünsche, mussten die Deutschen in den jeweiligen Besatzungszonen eine Reihe von Dingen flächendeckend abliefern. Dass dazu Waffen und alles, was nur waffenähnlich aussah, gehörten, versteht sich von selbst. Aber besonders in der französischen Zone kannten die Befehle der Sieger in dieser Hinsicht kaum Grenzen. Hier musste sich die Bevölkerung von Benzinkanistern aller Art trennen, dazu von Büchern mit nationalsozialistischem Inhalt, was im Rahmen der Umerziehung durchaus verständlich ist. Die Abgabe aller Kameras und Filme geschah aus Angst vor Spionage und ist ebenfalls nachvollziehbar. Warum allerdings für die französische Besatzungszone die »7. Verfügung Nr. 27 über die Hopfensperre« erlassen wurde, ist weniger klar. Binnen fünf Tagen hatten danach »Erzeuger, Verpacker, Händler und allgemein alle Besitzer von Hopfen« dem französischen Chef des Ernährungsamtes ihre Hopfenbestände zunächst zu melden und dann abzuliefern:

»Die gesamte Hopfenernte des Jahres 1944/1945 im Gebiet der Zone Francaise d'Occupation wird gesperrt, gleichviel, welches der Ort ihrer Lagerung und die früheren oder zur Zeit im Gang befindlichen Abmachungen sind. In gleicher Weise werden die Säcke für die Ballen (gewöhnlich 150 kg) und die kleinen Ballen (gewöhnlich 50 kg), und zwar neue sowohl wie gebrauchte, gesperrt.«[59]

Sollten die französischen Besatzer, die eher als Wein- denn als Biertrinker bekannt sind, durch die Beschlagnahme des Hopfens die Deutschen möglicherweise vor allzu viel Biergenuss haben bewahren wollen?

Dackel statt Wolfshund

Einen Wunsch ganz besonderer Art, der mit Reparationen oder Requirierungen nun gar nichts zu tun hatte, sondern allein dem persönlichen Wohlbefinden diente, hatte ein französischer Stadtkommandant im Westerwald. Anfang Dezember 1945 bekam Bürgermeister Roth, Verwaltungschef des Städtchens Montabaur, Post. Sein Kollege Gerhardus aus der Amtsgemeinde Engers gab eine Bitte des dortigen französischen Kommandanten weiter und räumte gleich ein, dass diese etwas ungewöhnlich sei. Er schrieb: »Ich komme heute mit einer seltsamen Bitte zu Ihnen. Ich brauche einen deutschen Schäferhund für den hiesigen Kommandanten. Es kann auch ein Wolfshund sein. Nun wurde mir mitgeteilt, dass in Ihrer Stadt ein Hundepark sich befinden soll, von dem man derartige Hunde kaufen kann. Ich wäre Ihnen für baldige Mitteilung dankbar, ob z. Zt. Hunde zu kaufen sind, welche Rasse und welcher Preis.«

Normalerweise hätte es sicherlich kein Problem bereitet, dem französischen Offizier den gewünschten Hund zu beschaffen, aber es war eben Nachkriegszeit. Die Antwort, die Bürgermeister Roth denn auch am 8. Dezember zu Papier brachte, dürfte den Kommandanten nicht befriedigt und dem Bürgermeister erhebliches Kopfzerbrechen bereitet haben:

»Lieber Herr Gerhardus!
Was hier an Schäferhunden aufzutreiben war, haben die Amerikaner mitgenommen. Ich kann Ihnen daher leider in dieser Hinsicht keinen Gefallen tun. Sollten Sie Interesse an einem Drahthaardackel haben, so ließe sich die Beschaffung eines solchen eher ermöglichen. Ich müsste allerdings Nachricht haben, ob ein solcher gewünscht wird, damit ich eine Bestellung vornehmen könnte.«

Drahthaardackel statt Wolfshund! Die Reaktion des französischen Kommandanten ist nicht überliefert, die Begeisterung dürfte sich jedoch in Grenzen gehalten haben.

Auffallend, wenn man die schier endlosen »Bestellungen« der Alliierten heute liest, ist dieses: Vor allem die amerikanischen Kommandanten verlangten immer wieder nach elektrischen Haushaltsgeräten – nach Kühlschränken, Ventilatoren und Bügeleisen. Sie wollten augenscheinlich auch im besiegten Deutschland nicht auf die Annehmlichkeiten verzichten, die in ihrer Heimat zum normalen Lebensstandard gehörten. Wenn den Siegern etwas besonders gefiel, musste es durchaus nicht einem Pg. gehört haben, um eingezogen zu werden. Ein in Berlin-Lichterfelde wohnender Deutscher besaß eine Harley Davidson, die Captain Charles A. Dix, Chef der Transportabteilung der US-Militärregierung, besonders interessierte. Flugs konstruierte Dix einen Verstoß gegen amerikanische Bestimmungen und ermächtigte per Befehl am 30. September 1946 die Fahrbereitschaft in Berlin-Steglitz, das schöne Stück »zu übernehmen«.

Bemerkenswert unterschiedlich waren demgegenüber die Wünsche der sowjetischen Kommandanten. Sehr häufig orderten sie »Wässerchen«, die schleunigst besorgt werden mussten. Nicht etwa Wodka, aber dennoch Hochprozentiges – in erster Linie Kölnisch Wasser und Haarwasser.

Exemplarisch dafür steht diese eine Quittung:

Für die russische Kriegskommandantur
1 ltr. Köln. Wasser
1 kl. Fl. Haarwasser
erhalten
Berlin-Steglitz am 26.6.45
Stellv. Bürgermeister[60]

Dabei waren es nicht nur die Militärkommandanten und Soldaten der Alliierten, die es sich gut gehen ließen. Auch wenn die Städte in Trümmern lagen, es nur stundenweise Strom gab und die meisten Deutschen in dieser Zeit ums nackte Überleben kämpften: Es gab auch die anderen, vorwiegend Schieber und Schwarzmarkthändler, die sich nicht um Öffnungszeiten von Trinkhallen und Gaststätten kümmerten. Sie waren bereits wieder oben auf und genossen das Leben. So sehr, dass sich auf Anordnung der Alliierten der Berliner Magistrat um das Problem der »Luxuslokale« kümmern musste und den Ernährungsämtern am 9. Januar 1946 dieses Schreiben schickte:

Die unmöglichen Zustände in einigen Luxuslokalen Berlins bezüglich der Preisgestaltung geben Veranlassung dazu, in Zukunft die Zuteilung von Lebensmitteln für derartige Lokale zu sperren. Es setzt dies selbstverständlich voraus, dass wirklich beweiskräftige Unterlagen über unreelle Preisgestaltung vorliegen, da sonst eine solche Maßnahme nicht vertretbar erscheint.

Wir würden deshalb empfehlen, dass vor Durchführung dieser Maßnahme der Herr Ernährungsdezernent sich möglichst persönlich in den in seinem Bezirk liegenden Luxuslokalen von der Preisgestaltung überzeugt. Es wäre uns lieb, wenn wir für weiter zu treffende Maßnahmen Unterlagen über die Preisgestaltung in diesen Lokalen in Form von Speisekarten oder Rechnungen bekommen könnten.

Auf jeden Fall bitten wir, die Überprüfung dieser Luxuslokale recht bald mit dem nötigen Ernst durchzuführen, da die Preisgestaltung dort zu einer Gefährdung des gesamten Preisniveaus führen muss, wenn nicht energisch eingeschritten wird.«[61]

Diese Vorgänge in Berlin zeigen: Nicht nur die alliierten Sieger sorgten sich um ihr Wohlergehen. Das Leben auf Kosten anderer zeichnete besonders auch die deutschen Kriegsgewinnler aus, die in Zeiten des Umbruchs Profit machten.

»Da seht Ihr die Demokraten aus Amerika«

Einerseits ließen die Alliierten ganz offiziell requirieren, andererseits gab es – wie nach jedem Krieg – eine große Zahl von Soldaten, die sich ihr ganz persönliches Souvenir sichern wollten. Dass die sowjetischen Soldaten besonders auf deutsche Uhren aus waren, ist hinlänglich bekannt. Aber auch in amerikanischen Privathäusern tauchen heute noch immer wieder Kunstgegenstände auf, die ein Besatzungssoldat damals hatte »mitgehen« lassen. Alles, was irgendwie mit einem Hakenkreuz versehen war, fand das besondere Interesse der Amerikaner – übrigens bis in unsere Tage. Der Versöhnung zwischen Siegern und Besiegten diente dies nicht. Der Bericht aus dem saarländischen Friedrichsthal, für kurze Zeit unter amerikanischer Besetzung stehend, ist in diesem Zusammenhang typisch für viele Orte: »In den letzten Tagen wird die Bevölkerung stark beunruhigt, dass fast jeden Abend zwischen 20.30 bis 22.00 Uhr Trupps Soldaten in amerikanischer Uniform mit Autos vorfahren und in die Häuser eindringen. Unter dem Vorwand, nach Nazis, Waffen und

Munition zu suchen, begehren sie Einlass in die Wohnungen und durchsuchen sie. Waffen und Munition sind in keinem Fall gefunden worden, dagegen machten die Leute nach der Durchsuchung die Feststellung, dass ihnen Sachen fehlten. In einer Wohnung fehlten ein Brillantring und eine goldene Uhr.«[62]

Solche Diebstähle waren – man mag sagen: nahezu zwangsläufig – keine Seltenheit und trugen dazu bei, dass selbst die so genannten »kleinen Leute« die alliierten Truppen immer weniger als »Befreier« betrachteten. In einem streng geheimen Bericht des Marburger »Staatspolitischen Ausschusses« vom 7. November 1945 an den Oberbürgermeister der Stadt wurden die wesentlichen »Gründe des Anwachsens der Abneigung gegen die amerikanische Militärregierung« aufgelistet. Einleitend heißt es: »Die amerikanischen Besatzungstruppen haben in unserer Stadt die Anti-Faschisten wie auch die demokratische Bevölkerung enttäuscht.« Und weiter:

Es herrscht eine allgemeine Unsicherheit auf den Straßen, verursacht durch die amerikanischen Soldaten und durch Fremdarbeiter (»displaced persons«). Plötzliche Angriffe aus Habgier sind in Marburg an der Tagesordnung. [...] Vor kurzem wurde Dr. Happel, Frankfurter Straße 38, von zwei amerikanischen Soldaten angriffen und ausgeplündert. Am 5. November wurde ein Polizei-Assistent von zehn amerikanischen Soldaten am Sommer-Schwimmbad niedergeschlagen. Am 5. November schlugen amerikanische Soldaten die Schaufensterscheiben des Geschäfts Scharf, Wettergasse, und Hoffmann, Steinweg, ein. [...] Auf der anderen Seite ist von der englischen Besatzung von den strengen Maßnahmen zu hören, mit denen die Engländer gegen solche Übergriffe vorgehen. Die Landbevölkerung muss sich vor allem darüber beklagen, wie die amerikanischen Soldaten jagen, indem sie mit ihren Autos über die mit Wintersaat frisch eingesäten Felder fahren und bei Nacht mit den Scheinwerfern das Wild blenden und abschießen. Es ist dasselbe beim unerlaubten Fischen in allen Gewässern, das meistens durch den verbotenen Einsatz von Sprengmitteln geschieht und durch das die gesamten Fischbestände vernichtet werden.

Und das amerikanische Sündenregister war sogar noch länger: Angehörige der US-Besatzungsmacht beschlagnahmten Appartements oder Zimmer für »zweifelhafte« weibliche Personen, ohne einen offiziellen Einweisungsbescheid zu haben. Beschlagnahmte Häuser standen wochenlang leer und verkamen. Es wurden Möbel und Hausrat gestohlen, und dies, »nachdem der Krieg schon vor langer Zeit beendet wurde. [...] Amerikanische Lkw-Fahrer fahren rücksichtslos, und fast täglich müssen überfahrene Kinder oder Frauen ins Krankenhaus gebracht werden. Zivile Fahrzeuge werden gerammt oder in die Straßengräben gedrückt.

Im Zuge der Entnazifizierung wenden Ermittler der amerikanischen Militärregierung noch immer Gestapo-Methoden an. Das gesamte System der Untersuchungen erscheint extrem unmoralisch zu sein. Zweifellos haben sie [die Deutschen, V. K.] den Eindruck, dass ein Blick auf den Fragebogen nicht ausreichen kann, um über die Zukunft einer Familie zu bestimmen.«

Das abschließende Resümee des Marburger »Staatspolitischen Ausschusses« lautete: »Wir wollen nicht, dass ein Teil der Bevölkerung höhnisch grinsend sagt: Da seht Ihr die Demokraten aus Amerika! Was haben sie uns gebracht?«[63]

Im Hinblick auf die persönliche Bereicherung von Besatzungstruppen ist ein weiteres Dokument aufschlussreich, das

das Marburger Wohnungsamt am 20. August 1945 verfasst hatte. Zum einen wird beklagt, dass deutsche Hausbesitzer die Nachkriegswirren dazu missbrauchten, um Wohnungssuchende auszubeuten und sich an ihrer Not zu bereichern. Zum anderen wird nicht verschwiegen, dass selbst für US-Dienststellen die eigenen Vorschriften nur Makulatur waren, wenn es darum ging, am Krieg noch nachträglich zu verdienen:

Die Art des Mietens und Vermietens von Wohnraum nimmt aus der Not geborene Formen an, die einem wilden Schwarzmarkt gleichen, und zwar sind die Beteiligten in der Oberzahl Deutsche, jedoch auch Ausländer und Mitglieder der Besatzungstruppen. Es gibt Vermieter, die einen schwunghaften Wucher mit der nächtlich wechselnden Schlafstellenvermietung betreiben. Es gibt Hauseigentümer, die ihre Wohnung gegen Zahlung einer schwindelnd hohen Miete Meistbietenden zuweisen und gegen Zahlung eines zusätzlichen Handgeldes, ohne Inanspruchnahme des Wohnungsamtes, auf allen möglichen Schleichwegen vermieten. Es gibt Ausländer, zumeist in amerikanischer Uniform sowie Besatzungstruppen, die den von uns mit Mühe und Not beschlagnahmten Wohnraum – zumeist auch im Einverständnis des Vermieters – einfach belegen [...].

Des weiteren ist es unerlässlich, durch Presse, Anschlag und Rundfunk nochmals ausdrücklich darauf hinzuweisen, dass der Zuzug nach Marburg-Stadt gesperrt ist, sowie die amerikanischen Dienststellen zu bitten, ihre Arbeitskräfte nur durch das Arbeitsamt anzufordern. Die Zuzugssperre wird zumeist dadurch umgangen, dass eine Arbeitsbescheinigung irgend einer amerikanischen Formation oder Dienststelle vorgelegt wird, die gleichzeitig für den Betreffenden die Zuweisung von Wohnraum fordert. Angesichts dieser schweren Umstände bitte ich Sie, Ihren ganzen Einfluss geltend zu machen und dem Herrn Gouverneur diese ganze Angelegenheit so vorzustellen, wie sie wirklich ist.[64]

Dieser Bericht der Marburger Selbstverwaltung ist allein schon durch seine offene Sprache bemerkenswert, denn es war Ende November 1945 durchaus noch nicht gang und gäbe, dass in amtlichen Papieren der deutschen Seite Verfehlungen und kriminelles Handeln der US-Truppen beim Namen genannt wurden.

An dieser Stelle verdient das Verhalten der Briten in ihrem Einflussbereich besondere Beachtung. In ihrer Zone ging es weitaus »zivilisierter« als in den übrigen zu, von den Vorgesetzten wurde strikt auf diszipliniertes Verhalten der Soldaten geachtet. Die Versorgungslage außer Acht gelassen, machten wohl unter anderem die kolonialen Erfahrungen der Briten im Umgang mit Besiegten den Deutschen hier das Leben erträglicher als in den übrigen Landesteilen.

Sonderkommission für Hundezählung

1945 herrschte allgemeine Not, die öffentlichen Kassen waren leer. Wie heute auch wurde in den Amtsstuben darüber nachgedacht, welche Steuerquellen zum Sprudeln gebracht werden könnten. Dies gestaltete sich schwierig, denn der Krieg hatte auch einen großen Teil der Steuerunterlagen in den Finanzämtern zerstört – ein Verlust, den viele vermutlich insgeheim gut geheißen haben. Sorgen bereitete indes den von der sowjetischen Besatzungsmacht eingesetzten Berliner Bürgermeistern, dass seit Anfang Mai 1945 Hunde auf den Straßen herumliefen, ohne dass ihre Herrchen oder Frauchen dafür Steuern zahlen mussten. Das wollte man auf den Ämtern auf keinen Fall hinnehmen. Auf Anordnung der Militärverwaltung erließ deshalb der Bezirksbürgermeister des Bezirks Kreuzberg eine »Bekanntmachung«:

Bewohnbar waren Berlins Ruinen kaum mehr, aber als Behelfsgärten dienten sie auch 1946 noch der Selbstversorgung.

»Zur Ergänzung und Berichtigung des zum Teil zerstörten und zum Teil veränderten Besteuerungsmaterials werden alle Hundesteuerpflichtigen hiermit aufgefordert, bei der Zahlung der Steuern für das Vierteljahr Juli – September 1945 bis spätestens 14. Juli 1945 eine Meldung mit ihrer Anschrift und der Zahl der gehaltenen Hunde bei der Stadtsteuerkasse abzugeben.«[65]

Man muss sich gedanklich in das Berlin dieser Zeit versetzen: Tausende Hunde streunten durch die Stadt, weil ihre Besitzer nicht mehr lebten. Viele Vierbeiner landeten in Kochtöpfen, weil Hunger herrschte, aber die Steuerbehörden arbeiteten wenige Wochen nach Kriegsende bereits wieder auf Hochtouren: Ordnung sollte Ordnung sein.

Um Hunde kümmerten sich auch die französischen Besatzer, wenn auch aus anderen Gründen. Ihr Interesse galt nicht allen Hunden, sondern in erster Linie den »diensttauglichen«. Von ihnen sollten sich die Deutschen nun trennen. Zu diesen Hunden zählte das Commandement en Chef Français laut »Verordnung Nr. 29« vom 22. Dezember 1945 die Rassen »Deutsche Schäferhunde, Dobermann, Airedale, Rottweiler, Riesenschnauzer und Boxer«. Jeder deutsche Staatsangehörige im französischen Besatzungsgebiet hatte danach Hunde der aufgeführten Rassen »einer Sonderkommission für die Zählung, bestehend aus einem Veterinäroffizier und zwei Sachverständigen [von denen einer Deutscher sein konnte, V. K.] vorzuführen«. Waren die Hunde bei einer früheren Zählung – noch zu Zeiten des Dritten Reiches – für diensttauglich bei Polizei oder Wehrmacht befunden worden, mussten ihre Besitzer sie in aller Regel den Franzosen überlassen. Festgelegt wurde aber: »Von der Ablieferung ihrer Hunde befreit sind diejenigen deutschen Staatsangehörigen, die zugleich mit der Vorführung ihrer Tiere eine Bescheinigung über die Untauglichkeit für die Verwendung in der deutschen Armee vorlegen.« Vorsorglich wurde diesem Artikel angefügt: »Die Befreiung von der Ablieferungspflicht stellt keine Beeinträchtigung des Rechts der Beschlagnahme dar.«[66]

Auch Vierbeiner konnten also ohne weiteres in jener Zeit dienstverpflichtet werden.

Von Läusen und Menschen

Versorgung und Hygiene

Jagdrecht: Herrschen und nicht teilen

Wo der Bedarf am dringlichsten, da ist der Mangel am größten – dies beschreibt eine typische Situation in Nachkriegsdeutschland. Noch verwunderlicher, dass es zugleich auch Überschüsse gab, nützliche und lästige: Wildschweine als Nahrungsmittel, Läuse als Parasiten zum Beispiel.

Möglicherweise war die französische Militärregierung an deutschen Hunden so besonders interessiert, weil sie sie bei der Jagd einsetzen wollte. Denn ganz im Stil absolutistischer Herrscher reservierte sie sich Jagd und Jagdrechte in ihrer Zone. Zu Papier gebracht hatte der Chef der französischen Militäradministration den Anspruch bereits am 28. Juli 1945, als sicherlich noch wichtigere Dinge zu regeln gewesen waren mit der »4. Verordnung Nr. 8 zur Regelung der Jagdausübung im französischen Besetzungsgebiet«. Das alleinige Jagdrecht wurden übertragen:

---

1. den Offizieren der Land-, See- und Luftmacht,
2. der im Offiziersrang stehenden Beamtenschaft des Gouvernement militaire,
3. den Unteroffizieren und Mannschaften, die vom Chef ihres Truppenkörpers die Erlaubnis hierzu erhalten haben,
4. den unteren Beamten des Gouvernement militaire, die von ihrem Dienstchef die Erlaubnis hierzu erhalten haben,
5. den Zivil- und Militärpersonen, welche eine besondere Erlaubnis hierzu erhalten haben.[67]

Deutsche waren von der Jagd generell ausgeschlossen, schon allein deshalb, weil sie ohnehin keine Waffen mehr besitzen durften. In vielen Regionen der französischen Besatzungszone führte das allerdings zu Beschwerden, weil der Wildbestand überhand nahm und Felder und Gärten verwüstet wurden. Ein in Zeiten knapper Nahrungsmittel nicht unerhebliches Problem. In Cochem bat der deutsche Bürgermeister den französischen Militärkommandanten deshalb am 27. Mai 1946 darum, deutsche Jäger mit dem Abschuss von Wildschweinen zu beauftragen. Die Bitte wurde erwartungsgemäß abgelehnt: Damit würde die Wiederbewaffnung des Kriegstreibers praktiziert.

Man mag argumentieren und sagen: Natürlich mussten die Franzosen das Jagdrecht für sich reklamieren, denn wer sonst hätte die Kontrolle des Wildbestandes übernehmen sollen? Die Deutschen nicht, denn sie verfügten ja über keinerlei Waffen. Aber genau das, was unter »Hege und Pflege« verstanden wird, taten die Franzosen trotz Jagdrecht nicht. Die Folge waren Wildschweinplagen in den Wäldern der französischen Besatzungszone. Natürlich wurden dadurch auch Landwirtschaft und Gartenbau beeinträchtigt, die Versorgungslage verschlechterte sich weiter. Es dauerte lange, bis die französische Militärregierung einsah, dass etwas dagegen unternommen werden müsste. Erst 1948 erlaubten die Besatzungsbehörden 52 badischen Jagdaufsehern französischer Jagdpächter »das Tragen von Waffen zum Zweck des Abschusses von Schwarzwild«. Das Ergebnis war mager: Erlegt wurden in den Monaten August und Oktober gerade einmal 88 Sauen, was die badische Landesforstverwaltung darauf zurückführte, dass die Deutschen lediglich Schrotflinten benutzen durften, die zur Wildschweinjagd nun einmal denkbar ungeeignet sind.[68] Die Militärregierung konterte, dass die Jagden französischer Pächter demgegenüber häufig

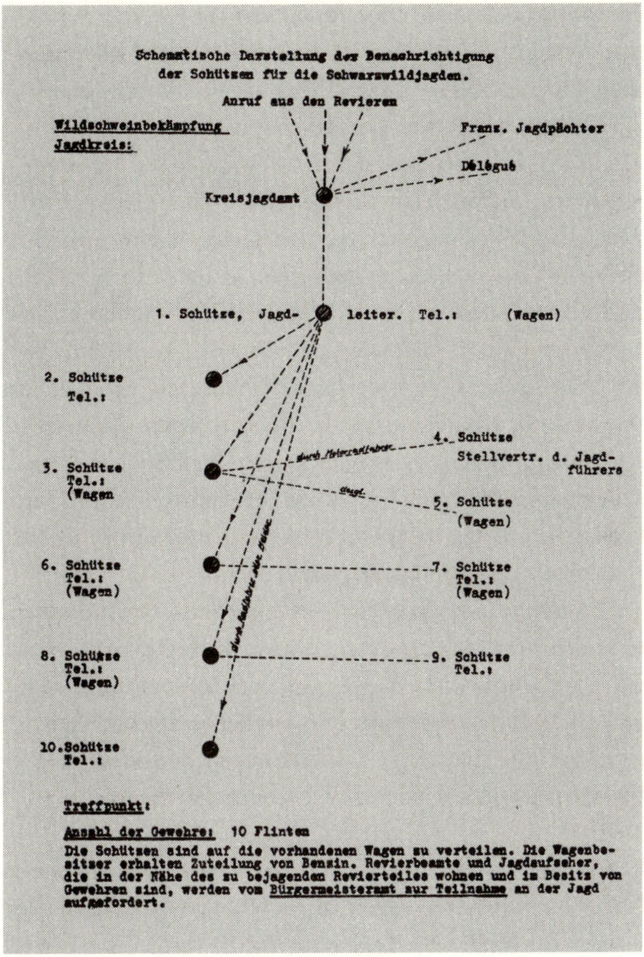

Ordnung muss sein. Detaillierte Skizze des badischen Landwirtschaftsministeriums für eine Wildschweinjagd unter französischer Regie.

von Erfolg gekrönt seien und noch erfolgreicher sein könnten, wenn nicht immer wieder die »wünschenswerte Unterstützung von seiten der Bad. Bevölkerung bei der Organisation der Treibjagden« ausbleiben würde.[69]

»Ordonnanzgewehre aus der Schweiz«

Dabei zeigte die badische Landesregierung der Militärregierung durchaus immer wieder Wege auf, wie das Engagement der Deutschen verstärkt werden könnte. Zum einen sollten – wie in der amerikanischen und britischen Zone bereits geschehen – die Forstbeamten mit Gewehren ausgerüstet werden, so ein Vorschlag der Regierung vom 24. Juni 1949. Vor allem aber bat sie zu gestatten, »dass an die Erleger ein Teil des Wildbrets überlassen wird. Wir würden vorschlagen, dass entsprechend der Anordnung in der amerikanischen Zone der Schütze jede 2., 4., 6. usw. erlegte Sau erhält«. Schließlich sollten in den besonders bedrohten Gebieten »Saufänge«, also Fallen, aufgestellt werden dürfen. Im Hinblick darauf, dass bei dieser Form der »Jagd« ein besonderer Anreiz geboten werden müsse, sollte sie, »um zu Erfolgen zu kommen, ganz dem Fänger überlassen werden«.[70]

Zu einem unerwarteten Fortschritt hatte in diesem Zusammenhang die alemannische Verbundenheit geführt. Denn der Landrat des Kreises Überlingen konnte am 22. März 1949 dem Innenministerium in Freiburg – bis zur Vereinigung mit Württemberg 1952 Sitz der südbadischen Regierung – für damalige Zeiten Überraschendes mitteilen:

Die Regierung des Kantons Thurgau hat in alemannischer Nachbarschaft dem Gouvernement Militaire zu Gunsten des Kreises Überlingen die Leihgabe von 12 Vetterli-Gewehren übermacht, die vom Herrn Gouverneur zunächst der Forstei Salem zum Zwecke der Einzelbewaffnung zugeteilt werden. Das Vetterli-Gewehr ist eine ältere, massive Ordonnanzwaffe, die ob ihrer Schwere nicht so sehr für den raschen Schuss wie für den Ansitz geeignet ist. Das Entgegenkommen des Herrn Gouverneurs wie der Thurgauer Regierung hoffen wir am besten dadurch zu lohnen, dass die korrekte Handhabung

Der französische Gouverneur Gilbert Grandval im Sommer 1946 während einer Rundreise durch das besetzte Saarland.

der Leihgabe sich als Schrittmacher für eine weitere Bewaffnung zur heimatlichen Jagddisziplin auswirkt. Der Übernahme am 21. in Kreuzlingen wohnten die Herrn Gouverneure von Konstanz und Überlingen bei.[71]

Mit der Übernahme war man einen wesentlichen Schritt weiter als ein Jahr zuvor. Denn damals, im Juli 1948, hatte die Regierung von Basel-Land dem Kreis Säckingen – natürlich mit Genehmigung der Militärregierung – »fünf Kugellaufgewehre« einschließlich Munition überlassen wollen, allerdings ebenfalls nur leihweise. Da dieser Vorgang völlig ungewöhnlich war, hatte die französische Zollbehörde zunächst die Einfuhr der Gewehre verboten, bis sich dann die Militärregierung selbst einschaltete und den Weg zu diesem grenzüberschreitenden Unternehmen frei machte.[72]

»Sardinforellen« in Badens Gewässern

Im weitesten Sinne gehörte auch das Fischen und Angeln zur Jagd und damit zu den Rechten, die sich die Alliierten vorbehalten hatten. Solange es noch keine handlungsfähige

Staatsmacht gab und Deutschland in Besatzungszonen aufgeteilt war, verwundert dies wenig. Doch interessanterweise wollten selbst nach 1949 weder Franzosen noch Amerikaner auf ihr Fischereirecht verzichten. Nach dem Besatzungsstatut fiel es unter den Begriff »Bedürfnisse der Besatzungsmacht«, wobei sich die Hohen Kommissare die Auslegung dieser »Bedürfnisse« vorbehalten hatten. Kein Wunder, dass das badische Ministerium für Landwirtschaft und Ernährung Ende 1950 diesen Zustand beklagte und in einem Papier, bezogen auf das Land Baden, unter anderem ausführte:

Seitens der Besatzungstruppen wird bekanntlich seit Kriegsende das Nutzungsrecht in der Fischerei in allen Seen und fließenden Gewässern unbeschränkt in Anspruch genommen. Wie wir genau wissen, handelt es sich um mehrere Tausend Angehörige der Besatzungsmacht, die in allen unseren badischen Gewässern die Fischerei betreiben. Die Fische, auch die Forellen, werden hierbei, wie wir genau wissen und wie verschiedentlich auch seitens der Mitbenutzungsberechtigten offen zugegeben wird, entgegen bestehenden Anordnungen in jeder Größe, auch bedeutend unter den vorgeschriebenen Mindestmaßen herausgefangen. Da im gesamten badischen Besatzungsgebiet eine Kontrolle über die Fischerei der Besatzungsangehörigen von französischen Aufsichtsorganen so gut wie überhaupt nicht geübt wird, eine deutsche Kontrolle aber nicht in Betracht kommen kann, werden die Forellen schon als sog. »Sardinforellen« von den Truppen verwertet.

Wiederholt sei schon versucht worden, mit der französischen Militärregierung über eine Änderung des Mitnutzungsrechtes zu sprechen, bisher jedoch stets erfolglos.[73] Der Schutz der Fischbestände war also in diesem Fall durch den Gebrauch der alliierten Vorrechte gefährdet.

Küchenabfälle angezündet – Kadaver angestochen

Die Menschen in allen Besatzungszonen hatten Hunger und wussten kaum, wie sie ihn stillen konnten. Im Jahr 1936 hatte der Kalorienverbrauch in Deutschland mit 3113 Kalorien über der vom Völkerbund gelegenen Norm von 3000 Kalorien gelegen. Im Frühjahr 1945 war er auf 2010 Kalorien abgesunken und erreichte 1946 mit 1451 Kalorien seinen Tiefststand. Diese Statistik ist jedoch nur bedingt aussagekräftig, denn in Deutschland ging es den Menschen unterschiedlich schlecht: Relativ gut wurde die Bevölkerung in der amerikanischen Zone mit 1564 Kalorien pro Tag versorgt, während sie in der französischen mit 1209 Kalorien, manchmal nur mit 600 auskommen musste. Nicht von ungefähr erhielt das französische Besatzungsgebiet den Beinamen »Hungerzone«.

Diese katastrophale Ernährungssituation führte zu Fällen wie dem nachfolgenden, der heute kaum noch glauhaft erscheint. Auf den Wiesen der Gemeinde Alsfeld bei Aachen lag totes Vieh mit aufgeblähten Bäuchen. Der örtliche Metzger meinte gegenüber dem Bürgermeister, die Kadaver könnten noch verwertet werden, wenn man durch Bauchstiche die Gase ablasse.

Gleichzeitig mussten die Menschen und ohnmächtig miterleben, wie Lebensmittel vernichtet wurden. Amerikanische Soldaten hatten das Verwaltungsgebäude der Grube Anna in Alsdorf zu ihrem Hauptquartier gemacht, über dem Eingang wehte die US-Flagge. Küchenabfälle gab es in großer Menge, doch die Deutschen profitierten davon nicht. Mitunter wurden diese Abfälle sogar mit Benzin übergossen und angezündet, obwohl Kinder mehrfach versuchten, Fleischreste oder angebrochene Konserven herauszufischen. Zumindest Ende 1944/Anfang 1945 wurde in Alsdorf auch auf diese Weise das Fraternisierungsverbot noch konsequent durchgesetzt.[74]

Empfindlich reagierten die Besatzungsmächte häufig dann, wenn es um die eigene Versorgung ging. Wenn sie zum Beispiel glaubten, von deutscher Seite nicht die von ihnen gewünschte Qualität – beispielsweise bei Brot – geliefert bekommen zu haben. Da Militärs nicht nur von vielem, sondern von allem etwas verstehen, hatte in Berlin die Alliierte Kommandantura im September 1945 in einem Befehl den Deutschen gesagt, wie sie Brot zu backen hatten. »Die Allied Kommandantura ordnet an wie folgt: 1. Aus 100 g Roggenmehl sind 150g Brot, 2. aus 100 g Weißmehl sind 140g Brot zu backen. 3. Diese Anordnung tritt sofort in Kraft.«[75]

Das Brot, das auf diese Weise gebacken werden musste, hatte einen wesentlichen Nachteil: Es war feucht, schimmelte leicht und war schlicht ungenießbar, wie auch Gutachten des berühmten Charité-Chefs Ferdinand Sauerbruch belegten. Die deutsche Seite unternahm deshalb immer wieder Versuche, die Sowjets dazu zu bewegen, das Ausbackverhältnis zu ändern. Es gab kaum eine Sitzung des Berliner Magistrats, in der diese Frage nicht auf der Tagesordnung stand, doch die sowjetischen Kommandanten blieben hart. Am 13. August 1945 musste deshalb bekannt gegeben werden: »Die zuständige Stelle der Kommandantur lehnt gleichwohl eine Herabsetzung der Ausbackquote [d. h. aus der gleichen Mehlmenge weniger Brot backen, V. K.] mit der Begründung ab, ein Brot, das in Russland allgemein gegessen werde, könne auch in Berlin konsumiert werden.«

Wurden die Erwartungen der Alliierten nicht erfüllt, waren im für den deutschen Produzenten günstigsten Fall Geldstrafen fällig, wie eine Brotbäckerei in der Berliner Albrechtstraße erfahren musste. Sie hatte die sowjetische Zentralkommandantur zu beliefern, und für diese war das Beste gerade gut genug. Gardeoberst Kalinintschenko von der Abteilung für Handel und Beschaffungen schrieb am 1. Februar

Flüchtlingselend in Berlin im Juli 1945. Selbst das stark beschädigte Brandenburger Tor musste als Notquartier herhalten.

1947 dem Magistrat, zeitweise sei die Qualität des erzeugten Brotes, insbesondere des schwarzen, schlecht. »Das Brot ist feucht mit Wasserstreifen (Schlief). Mit solchem Brot versah die Bäckerei die Kommandantur vor 3 Tagen.« Der Bäcker sei mit einer Strafe von 2000 Reichsmark zu belegen, ordnete der Gardeoberst an, und sollte sich ein solcher Vorfall wiederholen, werde die Bäckerei geschlossen.[76] Dass die deutschen Experten immer wieder vorstellig geworden waren, um besseres Brot backen zu dürfen, dabei aber auf die ablehnende Haltung der sowjetischen Kommandantur gestoßen waren, übersah der Gardeoberst geflissentlich.

Schwierigkeiten bekam auch ein Großhändler, dem sowjetische Offiziere vorwarfen, verfaulte Mohrrüben in seinem Lager gehabt und einen Teil an Werkküchen geliefert zu haben. Oberleutnant Nesamajew befand, ein solches Verhalten sei »verbrecherisch gerichtet gegen die Versorgung der Bevölkerung und diskreditiert die Sowjetische Okkupationsmacht«. 5000 Reichsmark Strafe waren hier die Quittung.

Aber es gab auch Spezialitäten, an denen die sowjetische Besatzungsmacht besonderen Geschmack gefunden hatte. Sie verließ sich bei deren Herstellung nicht auf die Deutschen, sondern in solchen Fällen kam es zu Befehlen wie dem nachfolgenden, der an den Berliner Magistrat gerichtet war: »Die Alliierte Kommandantura ordnet an wie folgt: Sie werden dieser Kommandantura das Rezept für die Herstellung von Bisquits und Zwieback einreichen und einen Vorschlag über deren Verteilung unterbreiten.«[77]

Ährenlesen nur mit Genehmigung

Angesichts der Not und des permanenten Mangels an Nahrungsmitteln war für die Deutschen alles, was die Natur bot, plötzlich eine Kostbarkeit. Nüsse wurden gesammelt und Bucheckern, um daraus Margarine herzustellen. Vor allem aber gingen die Menschen im Herbst immer wieder über die abgeernteten Felder, um vielleicht doch noch eine Kartoffel oder eine Getreideähre zu finden. Dieses »Ährenlesen« nahm derartige Ausmaße an, dass sich die Obrigkeit gezwungen sah, es zu reglementieren, in Thüringen etwa am 8. August 1946 durch eine »Mitteilung über das Ährenlesen«:

Feststellungen in den letzten Tagen ergaben immer wieder, dass das Ährenlesen regelrecht zu Getreidediebstählen ausartet. Grundsätzlich: Ährenlesen ist nur erlaubt auf Feldern, deren Getreide restlos abgefahren ist! Garben auseinanderzureißen und abzuschleppen, hat mit Ährenlesen nicht das geringste zu tun. [...] Die bedauerlichen Vorkommnisse machen unumgänglich nötig, dass jeder, der Ähren lesen will, im Besitz einer Bescheinigung des Ortsvorstehers und des Bauern sein muss, in deren Flur sich die Felder befinden. Wer diese zwei Bescheinigungen nicht besitzt und beim Ährenlesen angetroffen wird, hat mit strengster Bestrafung zu rechnen. Ratsam ist es, die Bescheinigung gut zu verwahren, um jederzeit den Nachweis des erlaubten Ährenlesens führen zu können.[78]

Waren die Menschen auf der einen Seite gezwungen, Korn für Korn auf den Feldern zu sammeln, um zu überleben, forderte die Alliierte Kommandantura Berlin auf der anderen Seite riesige Getreidemengen an, um sie als vergiftete Köder an Ratten zu verfüttern. Den Deutschen mag das Herz geblutet haben, doch galt es, die Seuchengefahr zu bannen, die die Myriaden von Ratten in den Trümmerwüsten mit sich brachten. Wahrscheinlich hätten die Ratten, wären sie nicht bekämpft worden, mehr als die Getreidemengen gefressen, die nun für ihre Vernichtung freigegeben werden mussten. Entsprechend kurz und knapp beschied Oberstleutnant M. J. Krishman am 12. Dezember 1945 den Berliner Oberbürgermeister: »Sie werden dem Magistrat 200 Tonnen Getreide zur Durchführung einer Groß-Aktion für die Bekämpfung von Ratten zur Verfügung stellen. Die Ausgabe dieses Getreides darf nur für den oben angeführten Zweck erfolgen und muss durch Unterbreitung einer genauen, dokumentarischen Abrechnung belegt werden.«[79] Die Forderung nach exakter Abrechnung war nur allzu verständlich, denn es bestand durchaus die Gefahr, dass die beauftragten Arbeiter Getreide für sich abzweigen würden.

Mit DDT gegen Ungeziefer

Die katastrophalen hygienischen Zustände in den besetzten Gebieten führten zur Ausbreitung von Krankheiten und nicht zuletzt zu einer Läuseplage. In zahlreichen Städten wurden deshalb Entlausungskampagnen durchgeführt, deren Art und Weise heute jedem die Haare zu Berge stehen ließe. »Einstaubung« war das Zauberwort – und zwar mit dem – nicht nur für Läuse – hochgiftigen Pestizid DDT. Am 5. September 1945 erließ die Alliierte Kommandantura Berlin einen entsprechenden Befehl zur Entlausung und kümmerte sich dabei auch um jedes noch so kleine Detail. DDT-Pulver und Pulverspritzen sollten von den amerikanischen, britischen, sowjetischen und französischen Sanitätsdiensten zu gleichen Teilen bereitgestellt werden, hieß es in der Anordnung, bevor dann das Verfahren »zur ordnungsgemäßen Desinfektion« beschrieben wurde:

---

a) Die zu behandelnde vollgekleidete Person steht mit dem Gesicht dem Pfleger zugewendet, die Arme seitwärts zur Waagerechten erhoben.
b) Der Einstäuberkopf wird an die Haut an den Handgelenken gesetzt und ein oder zwei Schüsse Pulver in die Ärmel gegeben.
c) Der Einstäuberkopf wird dann unter dem Kragen am Hals angelegt und ebenfalls ein oder zwei Schüsse Pulver in die Richtung der Achselhöhlen sowie auch direkt nach unten gegeben,
d) danach an die Haut an den Hüften gelegt, zwei Schüsse quer über den Körper und direkt nach unten hin gegeben (Anm.: Einstäubung weiblicher Personen an der Hüftlinie ist nicht verlangt).
e) Die in Behandlung befindliche Person wendet sich alsdann um, damit am Rücken das Verfahren am Hals und an den Hüften wiederholt wird.
f) Die Kopfhaare werden zuletzt dadurch behandelt, dass der Einstäuberkopf unter die Kopfbedeckung an verschiedene Stellen gelegt wird und mehrere Schüsse gegeben werden,

damit wirkungsvolle Verteilung des Pulvers erfolgt. Falls keine Kopfbedeckung getragen wird, hält man den Einstäuberkopf dicht an den Kopf, gibt mehrere kurze Schüsse an verschiedene Stellen und rauft gleichzeitig die Haare durch.

g) Die Behandlung kleiner Kinder besteht darin, dass der Einstäuberkopf unter die Kleidung an verschiedenen Stellen eingeführt wird und einige Schüsse gegeben werden. Die Haare sollen auch eingestäubt werden.

f) Durchschnittlich wird ca. 30 gr. Puder für jede Person verwendet.[80]

Dass die Läuse ein solches Verfahren nicht überlebt haben, ist verständlich, dass es die »lausigen Personen« taten, dagegen weniger.

Der Gesundheitszustand des größten Teiles der Bevölkerung war in der ersten Nachkriegszeit erschreckend und er verschlimmerte sich angesichts des massiven Mangels an Lebensmitteln weiter. Dies war ein Punkt, der den verantwortlichen Stellen zu schaffen machte. Ein anderer war die rapide Ausbreitung von Geschlechtskrankheiten, zurückzuführen nicht zuletzt auf die massenhafte Vergewaltigung deutscher Frauen durch sowjetische und französische Soldaten. Der sowjetische Kommandant Bersarin hatte zwar offiziell mitgeteilt, »dass es bei der Einnahme Berlins keine Geschlechtskranken« in der Roten Armee gegeben habe, aber daran dürfte er selbst nicht geglaubt haben,[81] dies auch deshalb nicht, weil innerhalb der Besatzungstruppen der Ausbruch von Geschlechtskrankheiten in Besorgnis erregender Weise zunahm. Verantwortlich gemacht wurden ausschließlich die Opfer, die deutschen Frauen also, die, kurzerhand zu »Prostituierten« erklärt, strengstens überwacht und nach Möglichkeit isoliert werden sollten. In das Virchow-Krankenhaus waren kurz

Kampf gegen Ungeziefer! Wasser war knapp, den Menschen fehlte die Wäsche zum Wechseln – nur DDT gab es reichlich.

nach Eroberung der Stadt rund tausend Frauen eingewiesen worden, doch diese »geschlechtskranken Frauen« waren nach Angaben der Sowjets einfach »ausgerückt«. Die Bürgermeister und Unterbürgermeister wurden deshalb angewiesen, noch im Juni »eine Liste mit Namen und Adressen aller Prostituierten ihres Bezirks bei der Kommandantur einzureichen«. Ausdrücklich war »diese Angelegenheit sehr sorgfältig zu behandeln«.[82]

Planspiele fernab der Wirklichkeit

Zwangsläufig war es den Deutschen verboten, Produkte herzustellen, die den Siegermächten hätten gefährlich werden können. Kriegsgüter gehörten selbstverständlich dazu, in der sowjetischen Besatzungszone aber auch solche profanen Dinge wie Streichhölzer. Schließlich hätte man mit ihnen ja Autos oder Gebäude in Brand setzen können. Erst als die Streichholzbestände der Roten Armee und die restlichen aus dem Dritten Reich übernommenen Zündhölzer aufgebraucht waren, ordneten der Oberste Chef der SMAD und Marschall der Sowjetunion, Georgi Shukow, das Mitglied des Kriegsrates, Generalleutnant Fjodor J. Bokow, sowie der Stabschef der SMAD, Generaloberst Wladimir W. Kurassow, am 4. September 1945 die Wiederaufnahme der Streichholzproduktion an. Mit Befehl Nr. 44 »Zur Sicherstellung der Versorgung der Roten Armee und der Bevölkerung der Sowjetischen Okkupationszone in Deutschland mit Streichhölzern« wurde – wie es sich für Militärs gehört – auch gleich detailliert festgelegt, welches Unternehmen wann wie viele Streichhölzer herzustellen hatte. Die Fabriken in Coswig, Riesa und Olbergau hatten demnach von September an bis Jahresende insgesamt 41 450 Kisten Streichhölzer abzuliefern, wobei jede Kiste wiederum 10 000 Schachteln enthalten musste. Woher das benötigte Phosphor kommen sollte, ließen die Militärs offen.

Mit welchen Vorstellungen von dem Land, das sie nun teilweise erobert hatte, speziell die sowjetische Besatzungsmacht in Deutschland einrückte, lässt sich aus den unzähligen Befehlen ersehen, mit denen sie die Produktion von Gütern aller Art schlicht und einfach befahl. Auch die sowjetischen Generale sahen, dass die Industrie weitgehend zerbombt, dass die Infrastruktur zum größten Teil zerstört war, doch das hinderte sie nicht daran, völlig illusorische Forderungen zu stellen, die denn auch in dieser Weise nie erfüllt werden konnten.

Am 11. September 1945 beispielsweise ordnete der Oberste Chef der sowjetischen Militärverwaltung und Oberbefehlshaber der sowjetischen Besatzungskräfte an:

Zwecks Herrichtung der Wohnhäuser und öffentlichen Gebäude in der sowj. Zone Groß-Berlins und zwecks Sicherstellung der Reparaturen durch Baumaterial befehle ich:

a) im 4. Quartal des Jahres 45 in den Betrieben der sow. Zone Groß-Berlins und in den an Berlin angrenzenden Gebieten sicherzustellen die Lieferung von:
Dachziegeln – 2. Mill. St.
Dachpappe – 750 Tausend qm;
b) in den Glashütten der Provinzen Brandenburg und Sachsen (Fabriken Torgau und Weißwasser) bis zum Ende 1945 nicht weniger als 900 Tausend qm Fensterglas zu erzeugen und hiervon mindestens 75% für den Bedarf Berlins zuzuteilen;
c) die Erzeugung von wasserdichter Pappe in einer Stärke von 2–2,5 mm als Glasersatz aufzunehmen und bis Jahresende mindestens 10 000 to oder 5 000 qm zu liefern. [...] Mindestens 60 % der erwähnten Pappenerzeugung sind für den Bedarf der Stadt Berlin zuzuteilen.

Außerdem sollten innerhalb von drei Monaten 153 Tonnen Nägel und 120 000 »ortsbewegliche Kachelöfen« hergestellt und nach Berlin geliefert werden.[83] So ehrenwert die Absicht war, die Bevölkerung vor dem herannahenden Winter zu schützen, umsetzen ließ sie sich nicht.

Ähnliches galt für zahllose andere Befehle, die in diesen Wochen der deutschen Seite erteilt wurden. Die Fabrik »Zell-Wolle« in Schwarzsee hatte danach täglich dreißig Tonnen

Fasern für die Produktion von Säcken für die Zuckerrübenernte herzustellen. Realistischer war da schon eine Anordnung vom 29. September 1945, nach der vorhandene Bestände gemeldet werden mussten, um Lebensmittel aus der sowjetisch besetzten Zone nach Berlin transportieren zu können. Abzuliefern waren:

Butterfässer und Butterkisten,
Kisten oder Behälter für Schmalz, Talg und Speck,
Fässer und Behälter für Speiseöl,
Käsekisten,
Fischkisten, Heringstonnen,
Säcke aller Art für den Transport von Zucker, Salz,
Kartoffeln usw.,
Getreidesäcke und Mehlsäcke, aus Jute, Mischgewebe,
Papier, letztere 3- und 4-fach Natronpapier,
Bestände an Pergamentpapier, außerdem
Vorsatzbretter (zum Abschließen der Eisenbahnwaggons
bei Verladen von losem Getreide),
Nägel.[84]

Am 18. Dezember 1945 erging »Befehl 174« mit dem Inhalt, im ersten Quartal 1946 1635 Dampflokomotiven, 45 elektrische Lokomotiven, 2100 Personenwagen, 21000 Güterwagen und 120 S-Bahnwagen »zur Gesundung des Eisenbahntransports in der sowjetischen Okkupationszone« flott zu machen.

Gleichzeitig – und dies widersprach den Bemühungen, die Wirtschaft in der sowjetischen Zone wieder in Gang zu bringen – hatten die Deutschen immer mehr Personal für die so genannten »Kriegsbeute-Abteilungen« bereitzustellen, die nahezu alles demontieren und für den Transport in die Sowjetunion vorbereiten sollten, was bisher noch funktionierte.

Bis zum 30. Dezember 1945 mussten den sowjetischen Kommandeuren 178000 Kräfte für die Demontagearbeiten gemeldet werden:

38000 für die damalige Provinz Brandenburg, 10000 für die Provinz Mecklenburg, 30000 für die Provinz Sachsen, 60000 für die Föderation Sachsen, 20000 für die Provinz Thüringen und 20000 für die Stadt Berlin.[85]

»Befehlsverweigerung« durch Seidenraupen

Eine folgenreiche Initiative starteten die sowjetischen Besatzer, als sie in ihrer Zone die Produktion von Seide aufbauen wollten.

Wenn die Legende stimmt, dann brachten vor Hunderten von Jahren zwei Mönche die ersten Seidenraupenpuppen versteckt in ihren Wanderstäben nach Europa. In Bayern wurde die Seidenraupenzucht urkundlich erstmals 1617 erwähnt, und in der Pfalz gab es wenig später bereits 80000 Maulbeerbäume, die den empfindlichen Raupen als Nahrung dienten. Friedrich II. hatte 1763 die Vorstellung, Preußen vom teuren Seidenimport unabhängig zu machen, und ordnete daher den Aufbau einer Seidenproduktion und -verarbeitung in seinem Staat an. Unter Einsatz großer finanzieller Mittel ließ er Maulbeerbäume anpflanzen und hoffte, auf ihnen würden sich Seidenraupen wohl fühlen. Immerhin gibt es in Berlin und seinem Umland, aber auch in Sachsen noch zahlreiche Hinweise auf die einstige Seidenraupenzucht, auch wenn Friedrichs Idee letztlich nicht aufging. Trotzdem: 1952 wurde an der (Ost-)Berliner Humboldt-Universität eine Abteilung »Bienenkunde und Seidenbau« eingerichtet, und in Zeitungen der DDR war damals zu lesen: »Zur Seidenbauselbsthilfe gehört auch, gegen noch vielfach verbreitete Vorstellungen anzukämpfen, die seinen Fortschritt hemmen. So ist die Ansicht irrig, Seidenraupe und Maulbeerbaum seien nicht für unser Klima geeignet. [...] Erfahrungsgemäß entwickeln sich bei sachgemäßer Aufzucht unter unseren klimatischen Bedingungen die Seidenraupen im allgemeinen besser als in den südlichen Seidenbauländern, so dass die aus deutschen Kokonernten gewonnene Seide den besten ausländischen Qualitäten vollkommen gleichwertig ist.«

Die optimistische Einschätzung beruhte weniger auf eigener Überzeugung, sondern war gewissermaßen politisch vorgegeben. Denn fünf Jahre zuvor hatte, ungeachtet aller schlechten Erfahrungen aus vergangenen Jahrhunderten, Generaloberst Pawel A. Kurotschkin den Aufbau einer Seidenraupenzucht in der sowjetischen Besatzungszone angeordnet, und ein solcher Befehl duldete natürlich keinerlei Widerspruch. Nur knapp eine Seite umfasste der Befehl vom 21. März 1947, aber er zog weitreichende Folgen nach sich:

Zwecks größtmöglicher Entwicklung der Seidenzucht und Erhöhung der Anpflanzung von Maulbeerbäumen, befehle ich:

1. Dem Präsidenten der Deutschen Verwaltung für Land- und Forstwirtschaft und den Ministerpräsidenten der Provinzen und Bundesländer:
   a) Bis zum 15. April ds. Js. eine Registrierung der Maulbeerbäume durchzuführen und die notwendigen Maßnahmen zur Wiederherstellung der früher arbeitenden Baumschulen und Schulen zu ergreifen, die Zucht von Pflanzensetzlingen in der Menge, wie sie zur Auffullung der Maulbeeranpflanzungen erforderlich ist, zu gewährleisten. Das Fällen von Maulbeer-Anpflanzungen kategorisch zu verbieten,
   b) die rechtzeitige Versorgung der Seidenraupenzüchter mit Seidenwürmereiern des Maulbeer-Seidenspinners so sicherzustellen, dass zum Beginn der Saison der

Auffütterung der Raupen nicht weniger als 12 kg Seidenwürmereier verteilt sind. [...]

3. Die Firma »Mitteldeutsche Spinnhütte« zu verpflichten: Von den Seidenraupenzüchtern die Kokons zu den festgesetzten festen Preisen in Empfang zu nehmen und für die Kokons zu verabfolgen: für die angelieferten Kokons der Sorte »A« Seidengewebe auf der Basis von 0,016 kg Gewebe für jedes Kilogramm (Groschi). Bei Austausch des Gewebes gegen Kunstseide ist die Norm um 30% zu erhöhen. Für Kokons der Sorte »B« ist die festgesetzte Norm für Abgabe von Gewebe um 20% zu ermäßigen, für solche der Sorte »C« um 30%.

Festgelegt wurde die Seidenraupenzucht natürlich in allen Details, dazu gehörte auch die Festsetzung der Preise für die Kokons. Vier Reichsmark sollte es pro Kilogramm geben, zu wenig, wie auch die deutsche Verwaltung für Land- und Forstwirtschaft in der sowjetischen Besatzungszone fand. Sie schrieb der Zentralfinanzverwaltung am 30. Juni 1947 unter anderem: »Bekanntlich wird der Seidenbau nur nebenberuflich in den Sommermonaten betrieben. Der Seidenbauer erhält für 1 kg Frischkokons 4 RM. Berechtigt klagen die Seidenbauer, insbesondere die Seidenbaureferenten bei den Landesregierungen, über die mangelnde Rentabilität des Seidenbaus. Auch die Deutsche Verwaltung der Industrie sowie unsere Verwaltung haben sich zu der Erkenntnis durchgerungen, dass der Seidenbau der Zukunft mit dem Kokonpreis steht und fällt. Der Seidenbauer kann aus seinem sommerlichen Nebengewerbe den mehr als kümmerlichen Gewinn von kaum 36 Pfg. pro Arbeitsstunde ziehen. Eine bedeutende Steigerung des Seidenbaus wäre mit einer Preiserhöhung auf 10–12 RM für 1 kg Frischkokons zu erreichen. Als Anlage überreiche ich die Genehmigung des Beauftragten für den Vierjahrplan, Reichskommissar für die Preisbildung, vom 2.3.45, zur gefälligen Kenntnis. Diese Anordnung ist nicht mehr zur Auswirkung gekommen. Ich bitte, die seinerzeit genehmigte Prämie in Höhe von 4 RM je kg Frischkokons zu dem festgesetzten Preis von 4 RM je kg zuzuschlagen, um weitestgehend die Wiederaufnahme des Seidenbaus zu fördern.«

In der Tat ließen sich die sowjetischen Machthaber überzeugen und erhöhten mit »Befehl 337« den Kilopreis auf acht Reichsmark.

Nur zurückhaltend reagierten die Landesregierungen in der sowjetischen Besatzungszone auf den »Befehl 65«, bis die Plauener Spinnhütte – aus wohl verstandenem Eigeninteresse – selbst aktiv wurde. Sie hatte bereits von der sowjetischen Militäradministration Sachsen den Befehl zur Ablieferung von seidenen Garnen an die Chemnitzer Strumpfindustrie erhalten, ohne dass sich auf deutscher Seite in Sachen des Rohstoffs etwas getan hätte. Am 4. August 1947 nahm die Industrie- und Handelskammer Plauen in einem Schreiben an die IHK Sachsen deshalb in dieser Weise Stellung:

Zu dem Befehl selbst ist zu sagen, dass jetzt nur noch seine Auswirkungen auf die demnächst eingehende Kokonernte abgewartet werden kann. Die vorbereitenden Maßnahmen, wie z. B. Aufnahme, Schutz, Pflege und Neuanlage von Maulbeeranpflanzungen sowie Versorgung der Seidenraupenzüchter mit Eiern des Seidenspinners, sind den Regierungen der Provinzen und Länder übertragen worden. [...] Die Mitteldeutsche Spinnhütte hat nach dem Befehl nur noch die Übernahme der Kokons und die Vornahme der Gegenlieferungen in Seidengewebe durchzuführen und die aus der Produktion anfallenden Seidenstoffe gemäß Absatz 5 des

Befehls nur nach Anordnungen der Verwaltung für Leichtindustrie der SMAD abzugeben. [...] Wie die Organisation für das Jahr 1948 ausfallen wird, lässt sich z. Zt. noch nicht übersehen, da die Spinnhütte als nunmehr landeseigenes Unternehmen den von ihrer Industrie-Verwaltung eingeleiteten Maßnahmen unterworfen ist und insbesondere von dieser in der Kostenfrage abhängig sein wird. Augenblicklich erscheint es uns jedoch erforderlich, der Spinnhütte zu einer ausreichenden Treibstoffversorgung zu verhelfen, da der Verkehr mit den Seidenbauern, die zu einem großen Teil in verkehrsungünstig gelegenen Ortschaften wohnen, ohne Benutzung eines Kraftwagens nicht aufrecht zu erhalten ist. Eine Förderung der Zucht ist indessen nur möglich, wenn die Beratung der Züchter, insbesondere soweit es sich um neue Seidenbauern handelt, stetig bleibt. Der Bedarf an Treibstoff würde für die Monate August bis einschließlich Oktober 1947 insgesamt 300 l ausmachen.

Erst mit Verzögerung und auf Druck der sowjetischen Besatzungsmacht wurde nun die Seidenraupenzucht forciert, wenn auch mit mäßigem Erfolg. So beklagte sich denn der Betriebsrat der Plauener Spinnhütte am 19. Februar 1948 darüber, dass die Steigerung von knapp 3000 Kilogramm 1946 auf 7500 Kilogramm im Jahr 1947 für sich allein betrachtet schon beachtlich sei. Aber: »Sie gibt jedoch unserer Spinnerei bei der vorhandenen Spinnkapazität nur für einen Monat Arbeitsmöglichkeit. Es müssten demnach in der Ostzone 130000 kg Frischkokons anfallen, um unserem Betrieb ein rentables Arbeiten zu garantieren. [...] Wir hören noch immer aus Züchterkreisen, dass anstatt gem. Bef. 65 Maulbeerhecken angebaut werden, immer noch welche ausgerottet werden. Diesem Übelstand darf auf keinen Fall die Hand weiter gereicht werden.« In der Spinnerei seien die noch aus

Soldaten der vier Siegermächte mit ihren Flaggen vor dem gemeinsamen Hauptquartier in Berlin, aufgenommen 1948.

dem Jahr 1945 lagernden Kokons aufgebraucht, die Spinnerei müsse ihren Betrieb einstellen, wenn es nicht gelinge, aus den Balkanländern Kokons einzuführen.

Auf einer der jährlichen »Zonen-Seidenbautagungen« am 28. Mai 1949 in Leipzig hieß es, im Sommer sei ein Lehrbuch über den Seidenbau in Sachsen zu erwarten, allerdings fehle es noch an der amtlichen Unterstützung der Verankerung des Seidenbaus in der Schulpraxis.

Mangel herrschte allerorten, und daran konnte auch der Befehl eines sowjetischen Marschalls nichts ändern. Im Land Mecklenburg gab es zwar Holz und Dachpappe für den Bau von »Normalzuchtgestellen«, dafür aber fehlten Nägel. Außerdem war offen, woher die fürs nächste Jahr benötigten 45 Kilogramm Maulbeersamen kommen sollten. In Sachsen mussten die Häftlinge des Zuchthauses Waldheim Zuchtgestelle bauen, und die Leiterin der Nachzuchtstation Jena, »Fräulein Dipl. agr. Hense«, konnte dieses berichten: »Von 97 000 Falterpaaren wurden aus drei Rassch [sic!] 24,211 kg Brut gewonnen. Als krank erwiesen sich nur 463 Paare. Von der gewonnenen Brut entfallen 23 kg Brut auf ungarische Gelbspinner. Die Brut wurde in Kühlräumen gehalten und Proben ergaben einen Schlupf von 95 %. Nach dem 15. Tag wurde die Brut in Räumen von 20–25 Grad Celsius gebracht. Wenn sie bei dieser Temperatur gleichmäßig gehalten wird, schlüpft sie sehr schnell, vorausgesetzt, dass sie unterwegs nicht einer Temperatur von unter 18 Grad ausgesetzt wird. Zur Vermeidung von Inzucht wurde Gelbspinnerbrut aus Celle beschafft.«

Alle Bemühungen fruchteten nicht, da halfen auch keine Pläne und Sonderpläne. Wegen der vielen Rückschläge, bedingt vor allem durch die Witterung, beschloss am 19. Juni 1964 die Staatliche Plankommission der DDR die endgültige Einstellung der Seidenproduktion. Die »Anregung« der sowjetischen Militärverwaltung hatte also keinen neuen Wirtschaftszweig begründen können.

Zeichen der neuen Zeit

Disziplinieren heißt demokratisieren

Kaisers Pickelhauben noch erlaubt

Wo Mangel herrscht, werden meist schnell Regeln aufgestellt, um die knappen Güter dennoch möglichst gerecht zu verteilen. Manchmal führen solche Regeln aber auch zur Verschlimmerung der Lage, wie der Umgang mit Bekleidung in den Nachkriegsjahren zeigt.

Was an Textilien irgendwie noch brauchbar war, bedeutete in dieser Zeit eine Kostbarkeit. Aus alten, aufgeribbelten Pullovern wurden Schals oder Handschuhe gestrickt. Aus Decken, die einst Pferde warm hielten, wurden jetzt, neu zugeschnitten und genäht, Anzüge. Von alten Uniformen wurden die Abzeichen entfernt, ihre Besitzer trugen sie nun ganz »zivil«. Dies war allerdings den alliierten Siegermächten ein Dorn im Auge. Colonel C.E. Ryan, Chief of Staff der Alliierten Kommandatura, nahm sich des Problems an und erließ am 10. September 1945 einen Befehl, der das »Tragen und Färben von militärischen Uniformen« regeln sollte. Schon am 30. August war ein gleichlautender Befehl erlassen worden, den der Berliner Oberbürgermeister nun unverzüglich umzusetzen hatte. Ryan schrieb:

Sie werden alles unternehmen, um das zum Färben der militärischen Uniformen notwendige Quantum an Farbstoffen zu erlangen, und mit dem Färben sofort zu beginnen. Sie werden bis zum 25. September 1945 einen Bericht über die vorhandenen Bestände an Farbstoffen erstatten und mitteilen, wie viele Uniformen bis zum 15. Oktober 1945 gefärbt werden können.[86]

Es war ein für die Zeit typischer Befehl. Colonel Ryan meinte, wenn er das Färben der Uniformen anordne, werde dies auch so geschehen. Nur: Woher die Färbemittel kommen sollten, sagte er nicht.

Dass die Deutschen an das Tragen von Uniformen, Fahnen und Abzeichen gewöhnt waren, zeigt eine Episode aus Heidelberg, unmittelbar bei Kriegsende. Als am 2. April 1945 amerikanische Truppen die Stadt Heidelberg besetzten, berichteten Zeitzeugen: »Die halbe Bevölkerung trägt Rote-Kreuz-Abzeichen, wie wenn das eine neue Partei wäre.« Die Besiegten taten das, was sie am besten konnten: Ihrer Gesinnung durch äußere Zeichen Ausdruck verleihen.

Dieser »schlechten Angewohnheit« stellten sich die französischen Besatzer entgegen. In ihrer Zone gab es abweichende Bestimmungen. Hier mussten bis zum 10. November 1945 alle Uniformen bei den örtlichen Gemeindeverwaltungen abgeliefert werden, vorrangig, um damit Kriegsgefangene auszustatten, die in französische Bergwerke zur Fronarbeit geschickt wurden.

Die Deutschen, die auf ihren Dachböden noch Uniformen aus dem Kaiserreich aufbewahrt hatten, waren demgegenüber fein heraus: Sie hätten sich sogar mit Pickelhaube auf den Straßen zeigen dürfen, denn, so hatte General Koenig für die französische Besatzungszone verkündet: »Die Uniform- und Ausrüstungsgegenstände aus der Zeit vor 1918 sind dieser Bestimmung nicht unterworfen.«[87]

Im Übrigen trieb die Diskussion über das Tragen von Uniformen oder uniformähnlichen Bekleidungsstücken teilweise absonderliche Blüten. Im Frühjahr 1948 waren im Land Baden Personen in Khaki-Uniformen gesichtet worden, was natürlich nicht sein durfte und die französische Militärregierung und nachfolgend die deutschen Behörden in helle Aufregung versetzte. Als erster meldete sich der »Sous-

In speziellen Nähstuben wurde gelehrt, wie aus Lumpen oder Uniformen Bekleidung mit »Nachkriegs-Chic« entstehen konnte.

Préfet, Directeur des Affaires Administratives« am 13. April zu Wort, der gegenüber dem Kontrolleur der Sûreté anregte, der deutschen Gendarmerie den Befehl zu erteilen, »alle Deutschen in Khaki-Uniformen zu verhaften und zu entkleiden«. Auch verschleppte Personen (»Displaced Persons«), ehemalige Zwangsarbeiter also, sollten gefärbte Uniformen erhalten, um Verwechslung und Zwischenfälle zu verhindern.[88] Folge dieser »Note« war am 17. April 1948 eine Weisung des »Kommissars der Republik, Oberdelegierter der Militärregierung des Landes Baden, Direktion der Verwaltungsgeschäfte – Contrôle de la Sûreté« an die deutsche Polizei. Der Kommissar der Republik habe bemerkt, dass »einige deutsche Staatsangehörige in Khaki herumspazieren«. Um Zwischenfälle zu vermeiden, sei Vorsicht geboten, damit nur solche Personen angehalten würden, die nicht rechtmäßig derart gekleidet seien. Dieser Hinweis war deshalb angebracht, weil auch französische Soldaten Khakikleidung trugen. Unterscheidungsmerkmale zu den nicht erlaubten Uniformen seien das Käppi beziehungsweise die Mütze sowie die Rangabzeichen, die ausführlich beschrieben wurden. Hier dürfe die deutsche Polizei natürlich nicht einschreiten, »hingegen kann und soll sie anhalten alle ›Verschleppten Personen‹ (Polen, Letten usw.) in Khaki, alle Deutschen in vollständigem oder teilweisem Khaki-Anzug«.[89]

Es war nun nicht zu erwarten, dass mit dieser Anweisung die Angelegenheit erledigt gewesen wäre. Zunächst gab das badische Innenministerium die Anordnungen der Militärregierung an die Polizei weiter, bevor dann am 20. Juli der »Commissaire de la République, Délégué Supérieur pour le Gouvernement Militaire du Pays de Bade« den folgenden, höchst kompliziert umzusetzenden Befehl erließ. Er beehre sich, der badischen Landesregierung mitzuteilen, dass er sich zu folgenden Maßnahmen entschlossen habe:

1.) Das Tragen von Khakikleidung ist und bleibt allen Personen untersagt, die nicht der französischen Armee, der französischen Militärregierung und den alliierten Besatzungsarmeen und Militärregierungen angehören.
2.) Alle deutschen oder ausländischen Personen, die im Besitz von Khakikleidung sind, müssen diese, um sie tragen zu können, färben lassen.
Zu diesem Zweck ordne ich an:
a) soweit es sich um bereits im Besitz befindliche Kleidungsstücke handelt, müssen die Eigentümer sich von dem Spender eine Bescheinigung ausstellen lassen (ob es sich um eine Privatperson oder um eine öffentliche Stelle handelt.)
b) wenn es sich um die Erlangung eines Kleidungsstückes handelt, muss der Empfänger gleichzeitig mit dem Kleidungsstück eine Bescheinigung der Schenkung anfordern.

3.) Diese Bons müssen mit dem Sichtvermerk der zuständigen Militärregierung (des Kreises, in dem der Betreffende seinen Wohnsitz hat) versehen werden. Bei Rückgabe der umgefärbten Kleidungsstücke müssen die Färbereien einen Stempel mit Datumsvermerk auf den Bon setzen. Der Bon bleibt dem Betreffenden als Beweisstück für den rechtmäßigen Besitz der gefärbten Kleidung.[90]

Bei einem Großteil der Khaki-Kleidung hatte es sich übrigens um eine Spende amerikanischer Quäker gehandelt, die damit die Not nicht nur der Deutschen, sondern vor allem der »Displaced Persons« lindern wollten. Mit den nun erlassenen, übermäßig bürokratischen Vorschriften war dieses Bemühen erst einmal hinfällig.

Geradezu als einen Durchbruch muss man in diesem Zusammenhang das Jahr 1950 betrachten. Immerhin gestattete die französische Militärregierung nun dem Freiburger Wohlfahrtsamt, drei zweiteilige Schweizer Uniformen als Spende entgegen zu nehmen und »diese Kleidungsstücke im Rahmen seiner Tätigkeit an Bedürftige zu verteilen«. Relativiert wird der Eindruck der neuen Großzügigkeit jedoch durch einen Vermerk, der deutlich macht, dass in diesen Uniformen nun wirklich niemand mehr als »Soldat« betrachtet werden konnte. Ursprünglich hatte zwischen Baden und der Schweiz ein Kompensationsgeschäft »Papierholz gegen Arbeitsanzüge« eingefädelt werden sollen, das jedoch nicht zustande kam: »Aus jener Zeit lagern noch in der Expeditur drei verschiedene ehemalige Schweizer Militäranzüge, die mit der Zeit erheblicher Beschädigung durch Motten ausgesetzt sind. Da der Eigentümer sich bisher nicht weiter darum kümmerte, und um weiteren Zerfall zu verhindern, möchte ich vorschlagen, diese Anzüge (es kommen dafür nur kleinere Personen in Frage) dem Städtischen Fürsorgeamt, Flüchtlingsfürsorge oder einer caritativen Vereinigung zu überlassen.«[91] Großen Eindruck wird man mit diesen Uniformen nicht mehr gemacht haben.

Deutsche Polizei in russischen Uniformen

Sollten auf der einen Seite Zivilisten nicht länger in Uniformen des Dritten Reichs auf den Straßen zu sehen sein, sorgte sich auf der anderen die sowjetische Kommandantur darum, dass die Angehörigen der neu aufgestellten Polizei mehr oder weniger in »Räuberzivil« auftraten. Vor allem, wenn die Alliierte Kommandantura in Berlin zusammenkam, wollte die sowjetische Seite bei den Westmächten dadurch Eindruck schinden, dass sie ein stattliches Aufgebot an deutschen Verkehrspolizisten den noch gar nicht vorhandenen Verkehr regeln ließ. Und diese Verkehrspolizisten hatten ordentlich auszusehen und wurden deshalb – mangels eigener Uniformen – erst einmal in die der Roten Armee gesteckt. Auf Dauer war dies natürlich ein unhaltbarer Zustand, weshalb Generaloberst Bersarin als Stadtkommandant die Beschlagnahme von Militärtuchen anordnete, um daraus Polizeiuniformen schneidern zu lassen. Auch in diesem Fall vermochte der Wille des Kommandanten keineswegs Berge zu versetzen, wie der Beauftragte für Bekleidungsindustrie am 21. Juli 1945 in einem Brief feststellte. Aus dem »russischen Beutelager« wurden zunächst 12000 Meter Militärstoff zur Verfügung gestellt, aber das reichte bei weitem nicht:

»Wir sind darum leider genötigt, trotz der katastrophalen Rohstofflage, die Berliner Polizei nach einem seitens der Russen bestimmten Muster und bestimmten Stoffen mit Uniformen auszurüsten. [...] Als Beauftragter für die Bekleidungs-Industrie und mit Hinweis auf das Rundschreiben des

Magistrats vom 29.6. an alle Bezirksbürgermeistereien bin ich beauftragt worden, für die Herbeischaffung dieser Stoffe zu sorgen. Es handelt sich um

1. sogenanntes Militärtuch 44 (erdbraune Farben)
2. Militärtuch grauer und grüner Farbe
3. halbfertige Fabrikate aus Militärbeständen, die durch Bezirksbürgermeistereien bzw. Polizeiorgane beschlagnahmt sind.«

Sollten nicht alle so besorgten Stoffe benötigt werden, war mit dem von den Sowjets eingesetzten Polizeipräsidenten Paul Markgraf[92] vereinbart worden, dass diese dem zivilen Bereich zugute kommen sollten. Ebenso war an den Verwendungszweck für die Polizeiuniformen gedacht worden, die bei einer Neueinkleidung überflüssig wurden: »Die durch die neue Uniformierung freiwerdenden Uniformen [werden] für den zivilen Sektor umgearbeitet.«[93]

Braunes Fahnentuch und Hammer und Sichel aus Papier

Nicht nur die Menschen auf den Straßen, auch die meisten deutschen Städte boten nach Ende des Krieges ein außerordentlich tristes Bild. Berlin machte da keine Ausnahme – Ruinen, wohin man blickte: Die Stromversorgung funktionierte nicht mehr oder doch nur unzureichend. Die Menschen wussten nicht, wo sie unterkommen, wie sie sich ernähren, kleiden oder wärmen sollten. Da wollte der sowjetische Kommandant Muschkin wenigstens etwas Farbe ins Straßenbild bringen und ordnete für den Bezirk Wedding eine großzügige Beflaggung aller Häuser an. Ende Mai 1945 befahl er, dass in jedem Haus des Bezirks diese Flaggen bereitzuhalten waren: »2 russische, 2 amerikanische, 2 englische, 2 französische.«

Damit nicht jeder nach seiner Façon Fahnen nähte – wenn er dies angesichts des Mangels an Stoffen überhaupt hätte tun können –, wurden diese Vorgaben gemacht:

Die Fahnen sind im Ausmaß von 1,80 m zu 0,85 m herzustellen und bereitzuhalten. Muster für diese Fahnen sind ab heute [31. Mai, V. K.] im Bezirksamt Wedding am Eingang des großen Sitzungssaals zur Besichtigung angebracht.

Ein ähnlicher Befehl galt in den übrigen Bezirken Berlins, so in Kreuzberg:

Auf Anordnung des Herrn Bezirkskommandanten haben die Häuser s o f o r t Fahnen der verbündeten Nationen, also englische, französische und amerikanische Fahnen, in der Größe von 180 x 85 cm herzustellen. Die Fahnen müssen in Gruppen zu 6 Fahnen an jedem Haus angebracht werden. Die Herstellung hat bis zum 1. Juni 1945, abends 22 Uhr zu erfolgen.[94]

Merkwürdig hieran ist, dass nicht auch von sowjetischen Fahnen die Rede war. Doch ungeachtet dessen: Selbst wenn die Berliner über Stoff, Garn und Nähmaschinen verfügt hätten, wäre es überhaupt nicht möglich gewesen, diesem Befehl innerhalb von gerade einmal 24 Stunden nachzukommen. Doch das störte die sowjetische Besatzungsmacht und vor allem Kommandant Muschkin nicht, wie der Leiter des Weddinger Kulturamtes in einem Rundschreiben an alle Straßenobleute klarstellte: »Wir bitten von Mitteilungen an uns, dass die Ausführung des Befehls aus verschiedenen Gründen nicht möglich ist, abzusehen, da uns die Schwierigkeiten selbst bekannt sind und von uns auch dem Herrn Kommandanten bereits mitgeteilt wurden. Dessen ungeachtet bleibt der Befehl bestehen.«[95]

Am 8. Juni 1945 sollten dann alle Weddinger Häuser mit jeweils acht Flaggen geschmückt sein, die Bezirksältesten hatten sämtliche Straßen und Häuser zu kontrollieren. Bei Nichtbefolgung des Befehls hielt Muschkin eine Strafe von 1 000 bis 1 200 Reichsmark für angemessen. Schon am frühen Morgen aber stand fest: Wedding würde kein Flaggenmeer werden, und in den anderen Bezirken der Stadt sah es nicht anders aus. Ein paar Fahnen hingen zwar aus den Fenstern. Manche waren aus Lumpen, andere aus Papier, bei weiteren wiederum handelte es sich um abgewandelte Parteiflaggen der NSDAP. Ein kunterbuntes Bild bot sich also, aber von Strafen wurde abgesehen.

Mit demselben Problem waren die Bürgermeister in ganz Berlin konfrontiert. Mit der Beflaggung hatte es zunächst nicht geklappt, aber aufgeschoben war nicht aufgehoben:

Betr.: Beflaggung
Die Beflaggung ist aufgehoben und wird jeweils auf Anordnung durchgeführt werden. Die Zwischenzeit ist auszunutzen, um die Mängel, die sich bei der Beflaggung gezeigt haben, abzustellen.
Als solche werden besonders herausgestellt:
Die Zahl der Fahnen ist für jedes Haus zu ergänzen, damit die geforderte Zahl erreicht wird.
Die Fahnen sollen aus Stoff sein und an Fahnenstangen befestigt werden.
Gut ausgeführte Fahnen sind als Muster für die Neuanfertigungen zu benutzen.

Was die Berliner als Flaggen der Siegermächte aus den Fenstern gehängt hatten, lässt sich aus der Kritik an ihnen erahnen:

Die Ausführung der Fahnen muss den gegebenen Anordnungen entsprechen. Beispielsweise darf statt roten Fahnentuches nicht braunes verwandt werden. Ebenso dürfen bei der Sowjetfahne Stern, Sichel und Hammer nicht durch die Buchstaben UdSSR ersetzt werden. In solchen und ähnlichen Abweichungen würde eine Herabsetzung der Fahnen gesehen werden und entsprechend geahndet.

Bei einer kommenden Beflaggung sind die Fahnen fächerartig in Bündeln zusammenzufassen. Diese Fahnenbündel können stehend angebracht werden. Bei flacherer Anbringung der Fahnenbündel muss die Fahnenstange auf jeden Fall zur Spitze hin ansteigen.

In den Fahnenbündeln ist die befohlene Reihenfolge (Sowjetfahne, amerikanische, englische und französische Fahne) innezuhalten.[96]

Es dauerte immerhin noch bis Anfang 1946, bis die Alliierten endgültig einsahen, dass Befehle zur Beflaggung der Stadt wenig Sinn machten. Am 10. Januar 1946 erhielt der Berliner Oberbürgermeister einen Befehl der Alliierten Kommandantura, in dem es hieß:

Sie werden den Polizeipräsidenten anweisen, dass die Kommandanten es zur Zeit für unnötig erachten, Bestimmungen über das Hissen von Fahnen der Alliierten zu erlassen.
Sollte es sich in Fällen für notwendig herausstellen, diesbezügliche Instruktionen einzuholen, hat der Polizeipräsident sich an das Komitee für Öffentliche Sicherheit zu wenden.
R. G. Raw, Oberstleutnant
Vorsitzführender Stabschef[97]

Es waren also nicht nur die Deutschen lernfähig, sondern angesichts der Aussichtslosigkeit ihres Ansinnens auch die

Alliierten. Dem bereits zitierten sowjetischen Oberst Saizeff wird es bei seinen Anordnungen zum Beflaggen Berlins wahrscheinlich weniger darum gegangen sein, das Stadtbild zu verschönern. Wichtiger war ihm wohl, den besiegten Deutschen zu zeigen, wer nun in Deutschland herrschte – und wie ließ sich das eindringlicher demonstrieren als durch die staatlichen Symbole der Siegermächte? Vor allem Amerikaner und Franzosen dachten ähnlich und handelten in ihren Besatzungszonen in Westdeutschland entsprechend. Den Bewohnern dort mussten sie nicht befehlen, Fahnen zu nähen, denn die hatten sie selbst mitgebracht.

Flagge dippen nicht erlaubt

Die Beflaggung war natürlich vor allem in der Schifffahrt ein Problem, das für die nun nicht mehr souveränen Deutschen geregelt werden musste. Immerhin war ihnen überhaupt der Besitz von Booten gestattet, sofern diese nicht, was eher die Regel war, von den Besatzungsmächten für eigene Zwecke, etwa für die exklusiven Offiziers-Clubs, beschlagnahmt worden waren. Gegen Ruder- und Paddelboote hatten die Sieger generell nichts einzuwenden, für Segelboote gab es dagegen bereits eine Reihe von Beschränkungen. Sie durften nicht länger als neun Meter sein und über keine Motoren verfügen. Sollten sie ursprünglich motorisiert gewesen sein, waren »die wichtigsten Teile der Maschine abzumontieren«. Als Höchstgeschwindigkeit waren zehn Knoten festgelegt.[98] Da zeigte sich die französische Militärregierung gegenüber der britischen sogar etwas großzügiger. Sie erlaubte den Besiegten Segelboote mit einer Länge von bis zu dreizehn Metern.

Die Frage, welche Flagge deutsche Boote zu führen hatten, war derweil nicht leicht zu beantworten. Die Hakenkreuz-Flagge gab es nicht mehr und eine neue deutsche Flagge noch nicht. Der Alliierte Kontrollrat löste das Problem auf seine Weise und verordnete den deutschen Booten eine »Erkennungsflagge«:

Diese besteht aus der internationalen Signalflagge »C«, aus der ein Dreieck herausgeschnitten ist. Diese Flagge ist am Masttopp zu führen, oder bei Schiffen ohne Mast an der durch Brauch oder Gewohnheit bestimmten Stelle; sie ist ständig Tag und Nacht zu führen und als Erkennungsflagge anzusehen.

Natürlich wurde den Deutschen in dem entsprechenden Gesetz dargelegt, dass die Signalflagge »C« keine ernst zu nehmende Flagge war. Von ihr wollten sich die Briten, die noch glaubten, die Meere zu beherrschen, schon gar nicht grüßen lassen. In Artikel I hieß es denn auch: »Dieser Flagge sind keine Ehrenbezeigungen zu erweisen, und sie ist nicht zum Gruß von Kriegs- oder Handelsschiffen irgendeiner Nation zu dippen.« Ausnahmsweise war es deutschen Bootführern erlaubt, auf Binnenschiffen die »Erkennungsflagge« in den quergestreiften Farben blau-weiß-rot-weiß-blau an den Bordwänden aufzumalen. Doch ob gemalt oder gehisst: Verstöße gegen das Gesetz sollten mit Geldbußen zwischen dreihundert und zehntausend Reichsmark geahndet werden.[99]

Amputationen bilden keinen Entschuldigungsgrund

Der Wiederaufbau beginnt

»Bei trockenem Wetter zweimal täglich sprengen«

Unmittelbar nach Kriegsende, im Juni 1945, waren die deutschen Großstädte einzige große Trümmerfelder. Der Begriff der »Trümmerfrauen« war noch nicht geprägt, wenngleich gerade Frauen bereits mit den Aufräumarbeiten begonnen hatten. Vorerst mussten sich die Anstrengungen darauf beschränken, die Straßen überhaupt wieder passierbar zu machen. Das hinderte die sowjetische Besatzungsmacht allerdings nicht daran, bereits kurz nach der Eroberung Berlins die Straßenreinigung zu organisieren. Erlassen wurde deshalb Ende Mai ein »Doppelbefehl«, nach dem zunächst angeordnet wurde, dass ein jedes Haus einen »Hauswart« haben müsse. Dieser hatte auf dem linken Ärmel eine weiße Binde mit der Aufschrift »Hauswart« zu tragen und war für die Reinigung seines Hauses verantwortlich. Zuständig war er aber auch für die Reinigung der Straße bis zu ihrer Mitte. War das gegenüber liegende Haus zerstört, so war »die Straße in ganzer Breite zu reinigen«. Sicherlich ist diesem Befehl der gute Wille, die Strukturen im zerstörten Berlin wieder aufzubauen und für Ordnung zu sorgen, nicht abzusprechen. Völlig abwegig jedoch war dieser Teil der Anordnung: »Bei trockenem Wetter ist der zugewiesene Straßenabschnitt 2x am Tage zu sprengen.« Die Menschen waren froh, wenn sie sich notdürftig selbst mit Wasser zum Kochen oder Waschen versorgen konnten. Nun noch die Straßen zu sprengen, daran war überhaupt nicht zu denken, selbst wenn die Polizei nach sowjetischem Willen »die Durchführung dieser Arbeiten zu überwachen« hatte.[100]

In ähnlicher Weise gingen auch die übrigen Alliierten vor. Der Mannheimer Oberbürgermeister etwa richtete am 13. Oktober 1945 die folgende Aufforderung an die Bevölkerung:

Die Militärregierung hat von mir in bestimmter Form verlangt, dass die Straßen der Stadt sofort vom Schutt gereinigt werden. [...] Insbesondere erwartet sie den verpflichtenden Einsatz der Hauseigentümer und Mieter für die Reinigung des auf ihr Haus entfallenden Straßenteils. Ist ein Haus unbewohnt, so sollen sich die Nachbarn in Arbeitsgemeinschaften zusammenschließen, um auf diese Weise die Straßen vom Schutt zu befreien. Ich fordere daher die Bevölkerung auf, nunmehr unverzüglich diese Reinigungsarbeiten vorzunehmen, da mir für den Fall, dass die Arbeit innerhalb 14 Tagen nicht durchgeführt wäre, der zwangsweise Einsatz der Gesamtbevölkerung an Sonntagen angekündigt worden ist. Ich erwarte, dass es zu dieser Zwangsmaßnahme nicht kommen muss.[101]

Sich vor der Aufgabe zu drücken, war kaum möglich, denn es wurde Buch darüber geführt, wer sich an den Arbeitseinsätzen beteiligte. Im Stadtarchiv Darmstadt beispielsweise findet sich diese Bekanntmachung des Tiefbauamtes aus dem August 1946:

Aufbaudienst = Aufbauhilfe!
Vergessen Sie nicht: Bei der Lebensmittelkarten-Ausgabe ab 10. Sept. 1946 muss der Nachweis erbracht werden, dass alle Männer von 16 bis 60 Jahren zum zweiten Male für den Wiederaufbau geschippt haben.

Besonderen Wert legten die sowjetischen Kommandanten in Berlin auf ein »ordentliches« Straßenbild speziell dann, wenn die Alliierte Kommandantura zusammentrat. Am Montag, dem 4. Juni 1945, hatte der schon erwähnte Kommandant Muschkin die Vertreter der deutschen Verwaltung für 21 Uhr zu sich beordert und ihnen eine Reihe von Befehlen mit auf den Weg gegeben. Vor allem aber monierte er die mangelnde Sauberkeit auf den Straßen, was sich im Protokoll der Sitzung so liest:

Morgen, zum Eintreffen der Alliierten Kommission, muss, bis spätestens 10.00 Uhr, vor allen Dingen die Hauptstraße von jedem Schmutz befreit sein. Bisher hat die Kommandantur verschiedentlich die Straßen gesäubert, aber immer wieder werfen Hausbewohner im Laufe des Tages Schmutz und Abfälle auf die Straße, das muss aufhören. Der Kommandant schlägt vor, sämtliche verfügbaren Wagen und Autos zur Verfügung zu stellen, damit die Straßen zum angegebenen Zeitpunkt gesäubert sind.[102]

Das hörte sich vernünftig an, auch wenn es letztlich nur darum ging, ein potemkinsches Dorf für die Mitglieder der Alliierten Kommandantura zu errichten. Wesentlich aber war, dass die Straßenreinigung gar nicht funktionieren konnte:

Der Vertreter der Polizei macht darauf aufmerksam, dass in dem Depot Limburger Str. das vorhandene Straßenreinigungsmaterial nicht benutzt werden kann, da dort eine russische Abteilung liegt. Der Kommandant sagte dem Vertreter, dass er morgen früh einen Beauftragten zum Kommandanten schicken soll, der mit einem Offizier zu diesem Depot geht und dafür sorgt, dass das vorhandene Material herausgegeben wird. Die Kommandantur will selbst 6 Pferde, die im Augenblick frei sind, zur Verfügung stellen.[103]

Bei den nachfolgend aufgeführten Befehlen ist es wichtig, sich noch einmal den Zeitraum in Erinnerung zu rufen, in dem sie erlassen wurden: Am 8. Mai 1945 war die Kapitulationsurkunde unterschrieben worden. Dass die sowjetische Kommandantur für den 17. und 18. Mai eine große »Entminierungsaktion« ansetzte, diente der Sicherheit der eigenen Soldaten und der der Bevölkerung. Entsprechend der Anordnung hatten die Straßenobleute »sofort Nachforschungen in ihrer Straße und den dazugehörigen Häusern« anzustellen und nach »noch herumliegenden Minen, Granaten, Zeitzündern, Munitionskästen, Patronen usw.«[104] zu suchen. Doch wenn gut eine Woche nach Kriegsende moniert wurde, die Parks seien ungepflegt, die Straßen verschmutzt, dann entsprach das zwar der Wirklichkeit, aber angesichts wichtigerer Aufgaben war vorerst gar nicht daran zu denken, diesen Zustand zu ändern. Genau nach Plan sollte Berlin wieder zurück in die Normalität geführt werden. »Ehrenamtlich«, also ohne Anspruch auf eine höhere Einstufung bei den Lebensmittelkarten zu erlangen, sollten die Berliner anpacken:

Alle arbeitsfähigen Männer im Alter von 15 bis 60 Jahren und alle arbeitsfähigen Frauen im Alter von 16 bis 50 Jahren sind zu den Aufräumungsarbeiten durchschnittlich 4 Stunden täglich heranzuziehen. [...] Mitglieder der NSDAP, der SA und SS (hierunter wird nur die politische SS, nicht die Waffen-SS verstanden) sind in verstärktem Umfang zum Arbeitseinsatz heranzuziehen. Das gleiche gilt für die Mitglieder der HJ und des BDM, soweit sie in leitender Stellung eine Führerposition eingenommen haben. Ehefrauen von Mitgliedern der NSDAP sind Pg.'s gleichzustellen. Für diesen Personenkreis gilt keine Altersbeschränkung. Sie können bis zu 8 Stunden eingesetzt werden.

Und obwohl die ganze Aktion als »ehrenamtlich« bezeichnet wurde, drohte man auch gleich Strafen für diejenigen an, die sich drücken wollten: Ordnungsstrafen von zehn bis tausend Reichsmark, die zwangsweise Vorführung zur Arbeit durch die Polizei und die teilweise oder vollständige Entziehung der Lebensmittelkarten.[105]

Viele Männer waren im Krieg gefallen oder befanden sich noch in Kriegsgefangenschaft. Vorzugsweise sollten in dieser Zeit ehemalige Mitglieder der NSDAP zu Aufräumarbeiten herangezogen werden, doch »plötzlich« waren viele ehemalige Pg. nur Mitläufer gewesen, schon immer im Widerstand oder doch wenigstens in der inneren Emigration. Zudem zeigte sich, dass diejenigen, die dann doch zur Arbeit herangezogen wurden, gute Parteigenossen gewesen sein mochten, zur schweren Arbeit aber nur bedingt taugten. Woher also Arbeitskräfte nehmen? So wurden mangels Alternativen die Arbeitslosen und früheren Bürokräfte zur Aufbauarbeit gebeten. Darum zu kümmern hatten sich die Arbeitsämter, die zwar schon wieder in Betrieb waren, aber längst noch nicht wieder funktionierten. Mit maschinengeschriebenen und mühselig vervielfältigten Flugblättern wandte sich etwa das Arbeitsamt Steglitz im Juni 1945 an die Berliner Arbeitslosen. Der Text weist eine fatale Aktualität auf, wenn man einmal von der Anrede absieht und davon, dass ein 50-Jähriger heute wohl keine Chance mehr bekäme, umgeschult zu werden:

Lieber Freund! Liebe Freundin!
Das Arbeitsamt wendet sich persönlich an Sie.
Warum?
Haben Sie noch nichts von unserer Umschulung gehört?
Wollen Sie immer nur ein Hilfsarbeiter sein?
Wo Sie doch durch Umschulung Geselle oder später
Meister werden können!

Haben Sie keinen Ehrgeiz?
Wollen Sie Ihre große Chance nicht ergreifen?
Sie müssen sich darüber klar sein, das Baugewerbe wird für Jahrzehnte ausschlaggebend sein.
Wie die spätere industrielle Wirtschaftsform aussehen wird, wissen wir heute noch nicht.
Wir wissen aber, dass wir für Jahrzehnte aufbauen müssen.
Es fehlen uns die Fachkräfte des Baugewerbes.
Vor allem Maurer, Zimmerer, Tischler, Schlosser, Maler, Glaser und Dachdecker.
Wie geht nun die Umschulung vor sich?
Zuerst läuft ein vierwöchentlicher Kursus auf dem Lehrbauhof, dann werden Sie einer Patenfirma zwecks gründlicher Ausbildung überwiesen. Umschüler sind Frauen und Männer vom 17.–50. Lebensjahr. Während des 1. halben Jahres werden an Jugendliche von 17–20 Jahren pro Stunde -,50 bzw. -,60 RM gezahlt, über 20 Jahre pro Stunde 0,72 RM. Nach einem ½ Jahr für Frauen und Männer -,80 bzw. -,90 RM die Stunde.
Die Ausbildung beträgt 1 ½ Jahre, dann erfolgt die Gesellenprüfung.
Sie sind also in der Umschulungszeit auch finanziell gut gesichert.
Denken Sie einmal in Ruhe darüber nach.
Besprechen Sie sich mit Ihren Angehörigen.
Sehen Sie doch einmal unseren Bauhof im Gymnasium Heesestr. an.
Haben Sie sich überzeugt, dass wir nur Ihr Bestes wollen, so kommen Sie zwecks Beratung zum Arbeitsamt Steglitz, Birkbuschstr. 18, Zimmer 49–50.[106]

Pg. waren auch in den westlichen Besatzungszonen begehrte Arbeitskräfte. In den meisten Städten erließen die Kommandanten der Sieger Befehle, nach denen Pg. vorrangig zu Arbeitseinsätzen heranzuziehen waren. Am 11. August 1945 verfügte das Military Government in Mannheim:

Alle früheren Mitglieder der NSDAP, SA, SS, HJ, BDM, NSFK, NSKK, NS-Frauenschaft, NS-Frauenwerk, Gestapo und SD – gleich welchen Alters – werden an einem Tag jeder Woche zur Arbeit in der Stadt Mannheim eingesetzt werden.

Sich zu drücken, kam nicht in Frage: »Nur solche früheren Angehörigen einer der oben genannten Organisationen, die schwer krank im Bett liegen oder sich in ärztlicher Behandlung im Krankenhaus befinden, werden von der Arbeit entschuldigt. Ein Bote muss eine ärztliche Bescheinigung mit Angabe des Gesundheitszustandes des Kranken abgeben. Dieses Attest muss von einem Arzt, der niemals einer der oben genannten Organisationen angehört hat, ausgestellt sein. [...] Amputationen bilden keinen Entschuldigungsgrund für Fernbleiben von der Arbeit. Amputierte werden im Rahmen ihrer körperlichen Befähigung zur Arbeit eingesetzt.«[107]

Gesundheitsreform à la Nachkriegszeit

Der Mangel an Arbeitskräften, zumindest an solchen, die »ehrenamtlich« die Trümmer in der Stadt beseitigen wollten, ließ den Besatzungsmächten und nicht zuletzt den von ihnen abhängigen deutschen Stellen keine Ruhe und führte zu merkwürdigen Erscheinungen: Im Städtischen Ost-Krankenhaus in der Berliner Grünberger Straße 43 wurde am 18. Januar 1946 das erste deutsche »Nachtkrankenhaus« eröffnet. Sinn der Aktion: In dem 150-Betten-Haus erfolgte die erforderliche Behandlung von Patienten nur noch nachts, um sie tagsüber nicht ihrem Arbeitsplatz zu entziehen.[108]

Der Begriff »Gesundheitsreform« war 1945 noch ein Fremdwort. Auch andere Probleme im Gesundheitswesen wurden bequem per Verordnung »gelöst«. Die Not hatte zwar alle gleich gemacht, aber nur theoretisch. In den Krankenhäusern wurden wieder Betten für gut zahlende Privatpatienten benötigt, was sich bequemer Weise durch eine einfache Anordnung der Alliierten Kommandantura ermöglichen ließ. Nach einem entsprechenden Befehl vom 31. März 1947, unterschrieben von Oberstleutnant Susolja als dem Vorsitz führenden Stabschef, hatte jedes städtische Krankenhaus für deutsche Patienten bis zu zehn Prozent der Betten der Klasse E, also der 1. und 2. Klasse, zu erhöhtem Tarif vorzuhalten, bei nicht-städtischen Krankenhäusern waren es sogar dreißig Prozent.

Wurde also recht früh den Wünschen besser Situierter Rechnung getragen, nahm der Magistrat auf andere Kranke nicht so viel Rücksicht, beispielsweise auf die so genannten »Geisteskranken«. Diese wollte die Selbstverwaltung so schnell wie möglich aus der Stadt haben und in Krankenhäuser der sowjetischen Besatzungszone verlegen lassen. Sie »blockierten« Krankenbetten und bedeuteten einen nicht unerheblichen Kostenfaktor. Die Abteilung für Gesundheitswesen stellte einen entsprechenden Antrag bei den Besatzungsmächten, dessen Ablehnung Oberst Pigarew am 9. April 1946 so begründete:

Ihrer Bitte um Evakuierung der Geisteskranken aus der Stadt Berlin wurde vom Komité für das Gesundheitswesen aus folgenden Gründen nicht entsprochen:

1) Die Bedingungen für die Heilung von Geisteskranken sind in Berlin nicht schlechter als an anderen Orten.
2) In Berlin sind 45000 Krankenbetten vorhanden, d.h. 15 Betten auf je 1000 Einwohner. Diese Bettenzahl ist

Auf Straßenschildern in der britischen Besatzungszone, hier in Berlin, kam erst die deutsche, dann die englische Sprache.

vollkommen ausreichend, um alle, die dessen bedürfen, in Krankenhäusern unterzubringen. Epidemien gibt es zur Zeit in Berlin nicht, und wenn sie die Bettenzahl für ungenügend halten, so wahrscheinlich, weil sie von solchen Kranken belegt sind, die ambulatorisch behandelt werden könnten.[109]

Kaum Verkehr – aber neue Schilder

Befehle lassen sich leicht erteilen, wenn man nicht selbst für ihre Umsetzung verantwortlich ist. Nach dieser Devise verhielten sich alle alliierten Kommandanten, ganz unabhängig davon, in welcher Zone sie wirkten.

Anfang September 1945 beispielsweise kamen die alliierten Behörden in Berlin darauf, dass es zur Regelung des Straßenverkehrs nun höchste Zeit sei, in der Stadt einige Tausend neue Verkehrsschilder aufzustellen. Prompt wurde am 4. September ein entsprechender Befehl erlassen, und die Schwierigkeiten begannen. Unbefangen könnte man zunächst einmal sagen, es sei doch eine gute Sache gewesen, für mehr Sicherheit im Straßenverkehr zu sorgen. Doch diese Argumentation greift nicht. Bekanntlich verfügten im September 1945 Deutsche nur in wenigen Ausnahmefällen über ein eigenes Auto oder ein Motorrad. Sie hatten in aller Regel ihre Fahrzeuge bereits während des Krieges abliefern müssen und waren in der Mehrzahl mit Handwagen, in total überfüllten Zügen oder mit Fahrrädern unterwegs, wenn Letzteres nicht gerade den Befehlen einer regionalen Besatzungsmacht entgegenstand. Die Deutschen brauchten – zu dieser Zeit jedenfalls – noch keine neuen Verkehrsschilder. Vielfach belegt ist zudem, dass sich die Fahrer der Alliierten nur selten an Verkehrsregeln und -schilder hielten. Trotzdem bestanden die Alliierten in Berlin vier Monate nach Kriegsende auf einer umfangreichen Beschilderung der Straßen, was zu erheblichen Problemen führte. Diese waren nicht etwa der Renitenz der Deutschen zuzuschreiben, sondern es fehlte einfach an Holz und Farbe. Außerdem erschwerten Kompetenzrangeleien unter den Alliierten die Situation. So musste schließlich das folgende Schreiben des Berliner Polizeipräsidenten an Generaloberst Serow in Berlin-Karlshorst aufgesetzt werden:

Auf Grund der von den »Alliierten Behörden« angeordneten Maßnahmen werden zur ordnungsgemäßen Durchführung des Straßenverkehrs 3012 Stück Verkehrszeichen dringend benötigt. Die mit der Herstellung der Schilder beauftragte Spezialfirma Kall, Schönefeld Post Grünau, ist bereit und imstande, sofort die Schilder anzufertigen, wenn die hierzu erforderlichen 2960 m² Holz zur Verfügung gestellt werden.

Durch das anliegend abschriftlich in deutscher und russischer Schrift beigefügte Schreiben des Herrn Chefs der Garnison und Militärkommandantur der Stadt Berlin vom 4.9.1945 ist der Herr Militärkommandant des Bezirks Lichtenberg benachrichtigt worden, dass die Firma Kall berechtigt ist, von der Firma Maschinenbau- und Industriebedarf, Edmund Wiesenberg, Alt Friedrichsfelde 19, die dort lagernden Holzfaserplatten zu beziehen. Als das Holz abgeholt werden sollte, forderte der russische Lagerverwalter zuvor eine Bescheinigung der Stadt Potsdam W.A.D. 15, unterschrieben von dem Herrn Kapitän Dortz, ohne die er das Holz nicht herausgibt. Die wiederholten Bemühungen des Beauftragten des Magistrats der Stadt Berlin, der deshalb mehrmals in Potsdam vorsprach, blieben ergebnislos. Auch meine Versuche hatten keinen Erfolg.

Im Hinblick auf die besonders notwendige Dringlichkeit der Aufstellung der Verkehrszeichen bitte ich Sie, den Ihrer Befehlsgewalt unterstellten Lagerverwalter der Firma Maschinenbau- und Industriebedarf, Edmund Wiesenberg, Alt Friedrichsfelde 19, anweisen zu wollen, die 2960 m² Holz möglichst sofort an die Firma Kall herauszugeben.[110]

Ob der Befehl schließlich umgesetzt werden konnte, ist den Archiven nicht zu entnehmen; für Aufregung und erheblichen bürokratischen Aufwand hat er allemal gesorgt.

Radfahren nur mit Ausnahmeerlaubnis

In Berlin und in anderen Großstädten gab es immerhin bereits kurz nach Kriegsende etwas, was man bedingt als »Straßenverkehr« bezeichnen konnte. Auf dem Land sah dies noch anders aus. Dass Autobahnen dort weitgehend autofrei waren, zeigt eine Anordnung des thüringischen Landesamtes für Verkehr, das am 12. Juli 1946 an die ursprüngliche Zweckbestimmung der Autobahnen erinnern musste:

Die Reichsautobahnen dürfen nach dem Gesetz nur von Kraftfahrzeugen benutzt werden. Obwohl dies allgemein bekannt ist, werden sie jetzt auch mit pferdebespannten Fahrzeugen, mit Fahrrädern, Hand- und Kinderwagen befahren, ja sogar durch einzelne Fußgänger oder Gruppen von Fußgängern benutzt. Bisher ist es nicht gelungen, diese Unsitte, die schon mehrere Verkehrsopfer gefordert hat, wieder zu beseitigen. Das Landesamt für Verkehr hat sich deshalb veranlasst gesehen, die Bediensteten der Reichsautobahnen anzuweisen, künftig jede Benutzung der Reichsautobahnen durch andere als Kraftfahrzeuge strafrechtlich zu verfolgen.[111]

Von einer solchen Form der Mobilität wollten die Franzosen in ihrer Besatzungszone vorerst nur wenig wissen. Der Verkehr mit Kraftwagen und Motorrädern war generell verboten und nur mit besonderen Passierscheinen möglich. Selbst gegen das Radfahren hatte die französische Besatzungsmacht Einwände und erließ deshalb am 14. Juni 1945 zum »Verkehr im Kreis des Wohnsitzes« diesen Befehl:

Der Verkehr mit dem Fahrrad kann von der Militärregierung auf Einzelerlaubnis hin erteilt werden, wenn die Bedürfnisse der Landwirtschaft, der Lebensmittelversorgung, sowie die gute Abwicklung der öffentlichen Dienste und lebenswichtigen Privatbetriebe es erfordern.[112]

Streifenfahrt sowjetischer Soldaten durch das besetzte Berlin: Möglich war dies auch auf einem beschlagnahmten Tandem.

Die Vorstellung, zu einem freien Bürger gehöre auch die freie Fahrt ohne Tempolimit, gab es in den Nachkriegsjahren nicht einmal andeutungsweise. Weil ohnehin kaum jemand ein Auto besaß, hatte die Einführung von Geschwindigkeitsbegrenzungen durch die amerikanische Militärregierung letztlich auch kaum Konsequenzen. Mit der »Verordnung Nr. 9« bestimmte sie, dass auf »offenen Landstraßen« folgende Geschwindigkeiten nicht überschritten werden durften:

---

a) ¼ Tonnen-Wagen (»Jeeps«): 56 km (35 mph); auf Autobahnen: 64 km (40 mph)
b) Kübelwagen (»C & R's«) sowie Krafträder: 64 km (40 mph)
c) Sonstige Personenkraftwagen: 64 km (40 mph); auf Autobahnen: 80 km (50 mph);
d) Lastkraftwagen, ¾ bis 1 ½ Tonnen einschließlich: 48 km (30 mph); auf Autobahnen: 64 km (40 mph)

Diese rigorosen Geschwindigkeitsbegrenzungen galten nur für die Deutschen. Doch wer von ihnen fuhr schon privat einen Jeep oder einen Kübelwagen? Generell ausgenommen von den Bestimmungen waren alle »Mitglieder der Streitkräfte der Vereinten Nationen«, mithin nicht nur die Fahrzeuge der vier Alliierten, sondern auch die der übrigen Besatzungstruppen, zu denen sich inzwischen in Teilen Westdeutschlands Belgier oder Niederländer gesellt hatten.[113]

»Fahr vorsichtig. Der Tod ist so ewig«

Um den Straßenverkehr kümmerten sich die Besatzungsmächte in einem Maße, das verblüfft. Es ist, als kündigte sich bereits der Auto-Boom der fünfziger und sechziger Jahre an. Dies mag allerdings zunächst daran gelegen haben, dass es zwangsläufig in erster Linie die alliierten Fahrer waren, die schwere Unfälle verursachten – vor allem, wenn sie unter Alkoholeinfluss fuhren. Auf den für die Besatzungsfahrzeuge reservierten Straßen, die es insbesondere in der amerikanischen Zone anfangs gab, blieben die Sieger unter sich. Doch auch auf den Straßen, die für die Deutschen frei gegeben waren, kam es zu folgenschweren Zusammenstößen. Allein im Augsburger Stadtgebiet wurden in den Monaten Oktober und November 1945 zweiundzwanzig Verkehrstote gezählt.[114] Dass die Deutschen, die in der Regel zu Fuß, mit dem Fahrrad oder mit Pferdefuhrwerken unterwegs waren, nicht die Hauptverantwortung an diesen Unfällen trugen, muss nicht besonders betont werden. Dennoch wollten die amerikanischen Militärbehörden der Entwicklung Ende 1945 nicht länger tatenlos zusehen und drängten die inzwischen gebildeten bayerischen Sicherheitsbehörden, die »Missstände« auf den Straßen abzustellen. Als Folge erteilte die Polizei der Stadt München im März 1946 insgesamt 38 000 Verwarnungen an auffällig gewordene Verkehrsteilnehmer, allerdings als gebührenfreie Strafzettel. Ein Abkassieren durch die deutschen Stellen hatte die Militärregierung untersagt.

Verkehrsregeln waren das eine, die Realität das andere. Die Deutschen wurden zu einem Volk von Trittbrettfahrern.

Nicht so glimpflich kamen andere davon. Sofern in deutschen Großstädten der Straßenbahnverkehr wieder aufgenommen war, gehörte es zum Alltag, sich als Trittbrettfahrer »kostenlos« befördern zu lassen – eine Unsitte, von der die Deutschen durch gebührenfreie Verwarnungen schon gar nicht abzubringen waren. Im Dezember 1946 griff die Augsburger Stadtpolizei auf Anweisung der Militärregierung zu drakonischeren Maßnahmen. Innerhalb von nur anderthalb Tagen internierte sie über zweihundert Personen. Zu ihnen gehörten im Übrigen auch einige Dutzend, die die Straße nicht – wie vorgeschrieben – im rechten Winkel überquert hatten.[115]

Zum weiteren, rigoroser werdenden Vorgehen gegen Verkehrssünder gehörte es, wie in Ingolstadt, auf der Straße spielenden Kindern das Spielzeug wegzunehmen und die Eltern anzuzeigen. Zunehmend schlechte Karten hatten – ebenfalls in Ingolstadt – Radfahrer, die gegen Verkehrsregeln verstießen. Sie mussten für vier Wochen auf ihr Fahrrad verzichten.[116]

Die Deutschen sollten erzogen beziehungsweise umerzogen werden. Nicht nur politisch, sondern eben auch als Verkehrsteilnehmer. Daran erinnert sich lebhaft Sir Ralf Dahrendorf, Sohn eines sozialdemokratischen Reichstagsabgeordneten und 1944/45 Mitglied einer antinazistischen Schülergruppe. Er hatte nach dem Krieg an einem politischen Umerziehungslehrgang im britischen Wilton Park teilgenommen. Bei seiner Rückkehr nach Deutschland machte er seine eigenen Nachkriegserfahrungen, die zumindest in der Rückschau zum Schmunzeln, aber auch zum Nachdenken anregen: »In Frankfurt, der Stadt, die so gern Reichshauptstadt werden mochte und nicht kann, glaubt man sich vollends in ›die Staaten‹ versetzt. [...] Ein hessischer Schutzmann mit Frankfurter Wappen dreht an einem wegweiserartigen Instrument, das als Ampel dient. Es verkündet entweder ›GO‹, in sauberes Deutsch mit ›GEHE‹ übersetzt, oder ›STOP‹ – inkonsequenterweise auf Deutsch nicht mit ›STEHE‹, sondern ›HALT‹.

Am Bahnhof ein Riesenschild: ›Motorists have a heart. We are all pedestrians sometimes‹. ›Habt ein Herz, Autofahrer. Manchmal sind wir alle Fußgänger‹. So geht es durch die ganze [amerikanische, V. K.] Zone. Die Blüte fand ich auf dem Weg nach Wiesbaden. Sie reichte bis in die Tiefen der Existenzialphilosophie und hieß: ›Drive carefully. Death is so permanent‹. Ein Verkehrszeichen, das, so wahr ich lebe, übersetzt hieß: ›Fahr vorsichtig. Der Tod ist so ewig‹.«[117]

Für strenge Dienstzucht ungeeignet

Frauenbilder der Nachkriegszeit

Weibliche Hand für den Polizeidienst zu zart

Ein besonderes Kapitel in der deutschen Nachkriegsgeschichte stellt der Umgang der Siegermächte mit Frauen dar – die Besatzer taten sich schwer. Zumal auch die deutschen Dienststellen befangen schienen und Reglements hintergingen, die Frauen betrafen. So gab es eine Anordnung des sowjetischen Kommandanten von Berlin, in der Hauptstadt eine weibliche Polizei aufzustellen. Torpediert wurde dieser Befehl von deutscher Seite wo immer es nur ging – und das mit den fadenscheinigsten Begründungen. Kommandant Bersarin hatte bereits am 25. Mai 1945 die Aufstellung einer Stadtpolizei befohlen, und am 31. Juli sollte diese Polizei nach dem Willen aller vier Berliner Besatzungsmächte auch Frauen zugänglich gemacht werden. Hauptgrund war weniger die Vorstellung der Gleichberechtigung als vielmehr die Notwendigkeit, Männer für andere Aufgaben abstellen zu können. Der Gedanke, dass Frauen in der Polizei etwa kriminalpolizeiliche Aufgaben erledigen könnten, kam keinem der Deutschen, die mit der Umsetzung der alliierten Befehle betraut worden waren, in den Sinn. Im Gegenteil. Schon bei der Auswahl und den Einstellungsbedingungen wurden die ersten Hürden errichtet:

I. Weibliche Schutzpolizei.

1) Einstellung.
   Allgemeine Voraussetzungen für die Einstellung sind eine ausreichende Schulbildung, eine gewisse Lebenserfahrung und ein guter Leumund; insbesondere für die Eignung und Befähigung: [...]

c) Ausreichende Größe (nicht unter 1,60 m) und körperliche Beschaffenheit, einschließlich guter Sehkraft,
d) Lebensalter: vollendetes 23. bis 30. Lebensjahr, genügende Allgemeinbildung (Aufnahme eines Diktats und Niederschrift eines kurzen Aufsatzes),
[…]
f) sittlich einwandfreies Vorleben (polizeiliche Führungszeugnisse der Wohnpolizeireviere; als Ergänzung notfalls Auskunft von 2 Leumundspersonen).
g) Ablegung einer praktischen einfachen Mut- und Geschicklichkeitsprüfung. Zur Einstellung gelangende Bewerberinnen sollen in der Regel Schwimmerinnen sein.[118]

Bei der Einstellung bevorzugt werden sollten Frauen, »die bereits in der Sozialfürsorge, in der Krankenpflege, im Lehrberuf, im kaufmännischen Kundendienst oder als Angestellte im Behördendienst tätig waren« – womit schon klar war, welche Rolle Frauen in der Polizei zugedacht war. Als besondere Aufgabengebiete kamen in Betracht: »Die Überwachung der Kinder und Jugendlichen, insbesondere der weiblichen, Bettelei, Straßenhandel durch Jugendliche, Verstöße gegen die Kinderschutzgesetzgebung, Überwachung der Jugendlichen in und vor Lichtspieltheatern, Gastwirtschaften, Schankstätten, Rummelplätzen, Bahnhöfen u. ä., die Anstellung von Ermittlungen in besonders gelagerten Fällen (soziale Missstände, Verwahrlosung, sittliche Gefährdung, Trunksucht, Arbeitsscheu), die körperliche Durchsuchung weiblicher Festgenommener, die Überführung von Kindern, Jugendlichen und weiblichen Personen und die Verwendung als Auskunftsposten.«

Vielleicht betrachtete der Berliner Polizeipräsident Frauen tatsächlich als Vertreterinnen des »zarten Geschlechts«, denn Aufgaben, die Gefahren mit sich brachten, mochte er den Polizistinnen schon gar nicht zumuten – oder zutrauen: »Die Überwachung der Prostitution kommt nur hilfsweise in Frage, da hierfür die Abteilung K [Kriminalpolizei, V. K.] zuständig und eine solche Überwachung durch Uniformierte im allgemeinen schwer durchführbar ist.«[119]

Frauen nur im Theater- und Kinodienst

Immerhin: Weil es die Sieger so wollten, musste zusätzlich eine weibliche Kriminalpolizei ins Leben gerufen werden, aber auch hier dachte die Polizeiführung eher an sozialfürsorgerische Aufgaben denn an wirkliche Polizeiarbeit. Hier kamen dem Polizeipräsident Paul Markgraf folgende Einsatzgebiete in den Sinn:

Die Bearbeitung von Strafanzeigen gegen Kinder, die zeugenschaftliche Vernehmung von Kindern und weiblichen Personen, die Mitwirkung bei der Bearbeitung von Sittlichkeitsdelikten und Sittenpolizei-Angelegenheiten, die Fürsorge für gefährdete weibliche Personen und Kinder, Durchsuchung und Betreuung weiblicher Gefangener, Begleitdienst für Frauen und Jugendliche, in allen geeigneten Fällen Anstellung von Ermittlungen, Behandlung und Bearbeitung besonderer Fälle, in denen erwachsene weibliche Personen verwickelt sind, Streifendienst auf öffentlichen Straßen und Plätzen, insbesondere Fahndung auf sich herumtreibende Kinder, bettelnde Jugendliche und sonstige gefährdete Minderjährige.[120]

Ein Jahr darauf wurde das Spektrum der Aufgaben für Polizistinnen erweitert. Nun sollten sie auch Posten stehen »vor Schulen zur Betreuung der Kinder in verkehrspolizeilicher

Hinsicht bei Schulanfang und -ende«, »Theater- und Kinodienst bei Jugendvorstellungen« leisten sowie als Posten dienen »bei Gerichtsverhandlungen, soweit es sich [bei den Angeklagten, V. K.] um weibliche Personen handelt«.

Es gab eine Vielzahl von Gründen, die die deutschen Verantwortlichen nur zähneknirschend an die Aufstellung einer weiblichen Polizei, zu der noch eine Verwaltungspolizei gehören sollte, herangehen ließen. Zum Teil nur waren es ganz pragmatische Erwägungen, wie bei der Frage der Einkleidung von Polizistinnen. Schon für die Uniformen der männlichen Kollegen war nicht genug Stoff da, und für Frauen erst recht nicht, wie dieser »Hilferuf« zeigt:

An die sowjetische Militäradministration
Das Polizeipräsidium Berlin ist in dringendster Verlegenheit wegen Stoffen für die Einkleidung weiblicher Polizistinnen, die durch Befehl der Alliierten Kommandantur in Stärke von 350 Personen aufgestellt werden muss.

Es ist ferner für den kommenden Winter ein Fehlbedarf von ca. 100000 Wintermänteln vorhanden. Von den verschiedenen Besatzungsarmeen wurden in den letzten Monaten Ausrüstungsgegenstände zur Verfügung gestellt und zwar u. a. von der britischen Armee 2100 Paar Schuhe und 4500 Hemden.

Bei der Firma Unisalis, Berlin NO, Greifswalder Str. 212, die Bekleidungsstücke für die Rote Armee herstellt, liegt ein Posten von ca. 5000 m lt. beiliegender Probe, der, wie bekannt geworden ist, für Zwecke der Roten Armee nicht gebraucht werden könne. Dagegen wäre dieser Stoff geeignet, die dringendsten Ausrüstungsstücke der Berliner Polizei zu decken.

Mit Rücksicht auf die Dringlichkeit der Ausrüstung der weiblichen Polizei wird gebeten, die Genehmigung zu erteilen, dass dieser Stoff käuflich dem Polizeipräsidenten in Berlin überwiesen wird.[121]

Die Besiegten hielten sich üblicherweise an die Befehle, die ihnen die Sieger erteilten. Umso erstaunlicher erscheint die Hartnäckigkeit, mit der sie den strikten Wunsch der Alliierten hinsichtlich der weiblichen Polizei unterliefen. So hatte die Alliierte Kommandantura ausdrücklich gefordert, »die weibliche Schutzpolizei bei der Bekämpfung der weiblichen Prostitution zu verwenden«. Da nun eine offene Ablehnung des Befehls nicht in Frage kam, versuchte es die Polizeiführung in einem Schreiben an den den Vorsitz führenden Stabschef des »Public Staff Center« auf diese Weise: Sie schlug vor, »von den gegenwärtig im Dienst befindlichen 310 Schutzpolizistinnen 100 zunächst versuchsweise zur Kriminalpolizei abzuordnen, damit sie nach entsprechender Vorbereitung in bürgerlicher Kleidung eingesetzt werden können. Der Einsatz würde sich zweckmäßigerweise auf die Beobachtung der Prostituierten und ihre Vernehmung beschränken, während die Durchführung von Festnahmen männlichen Polizeiangestellten zu überlassen wäre«.[122]

Dass sich Frauen schon während des Kriegs vielfach notgedrungen männliche Domänen erobert hatten, sollte nun unmissverständlich wieder rückgängig gemacht werden.

Verstärkte Neigung zu Krampfadern

Der ungewöhnliche Widerstand der deutschen Polizei-Oberen half nichts. Anfang September 1946 nahmen die ersten weiblichen Polizeiangehörigen in den Polizeiinspektionen ihren Dienst auf. Steter Tropfen höhlt den Stein eine Spruchweisheit, die sich zunächst auch bei dem Versuch bewahrheitete, Frauen allenfalls als Polizistinnen zweiter Klasse zu dulden. Am 6. Oktober 1947 konnte der Polizeipräsident in einem Vermerk festhalten, die Polizeisektor-Assistenten des sowjetischen, amerikanischen und französischen Sektors hätten sich mit den örtlichen Kommandanten geeinigt. Daher könnten jetzt die weiblichen Polizistinnen »die Bedienung an einfachen Verkehrsampeln« übernehmen. Die Entscheidung der britischen Militärregierung stand noch aus, folgte aber dann am 29. Dezember. S. C. Whittle, Assistent Inspector General, Public Safety Branch, unterrichtete den Polizeipräsidenten, die britische Militärregierung teile die Ansicht, »dass Frauen wie folgt eingesetzt werden können: Im Innendienst so viel wie möglich, um Männer für den wichtigeren Außendienst freizumachen; Zur Lenkung des Verkehrs an weniger verkehrsreichen Stellen; Im Streifendienst vor allem in Gegenden, in denen Frauen und Mädchen sich zu unsittlichen Zwecken aufhalten«.[123]

Wie immer die Vorwände auch lauteten, mit denen Frauen aus dem Polizeidienst ferngehalten werden sollten: Schriftlich niedergelegt wurden sie alle und sind – nicht nur rückblickend – an Absurdität kaum zu überbieten.

Ein Oberkommissar Ritzinger etwa meinte, Frauen seien generell »für strenge Dienstzucht ungeeignete Objekte«.[124] Und nachdem ein Vertreter der Berliner Schutzpolizei sich in Sachsen umgesehen hatte, um in Erfahrung zu bringen, wie es dort mit der weiblichen Schutzpolizei funktionierte, resümierte er, im »verkehrsschwachen Sachsen« sei der Einsatz von Frauen durchaus zweckmäßig. Allerdings sei die Frau an sich dem starken Berliner Verkehr nicht gewachsen. Sie werde leichter nervös als der ruhiger veranlagte Mann. Hinzu komme, dass Verkehrspolizisten fast durchweg an Krampfadern litten und daher in den Innendienst zurückgezogen werden müssten. Dies trete »bei der körperlichen Struktur der Frau« noch eher ein, so dass gegen den Staat erhebliche Versorgungsansprüche geltend gemacht werden könnten.[125]

Das Wort »Gleichberechtigung« existierte zwar damals schon, doch hatten die Berliner Polizeigewaltigen ihre eigene Auffassung vom Inhalt des Begriffes: »Auch lässt sich die Gleichberechtigung der Frau dem Manne gegenüber auf anderen Gebieten genügend zum Ausdruck bringen.«[126] Davon waren die deutschen Dienststellen überzeugt, wenngleich sie sich letztlich vorübergehend und in bestimmten Bereichen dem Willen der Besatzungsmächte beugen mussten.

Schutz vor »Kuckuckseiern«

Das Frauenbild der Nachkriegszeit wird auch deutlich in dem »Gesetz Nr. 16« des Alliierten Kontrollrates, dem »Ehegesetz«. Besondere Beachtung verdienen unter diesem Aspekt die Paragrafen 6 und 8, die sich mit dem Ehebruch beziehungsweise der Wartezeit zwischen einer Scheidung und der Wiederheirat beschäftigen. Hätten die entsprechenden gesetzlichen Regelungen noch heute Bestand, hätte manche Ehe der Neuzeit nicht geschlossen werden können. Denn in Paragraf 6 – Ehebruch – hieß es: »Eine Ehe darf nicht geschlossen werden zwischen einem wegen Ehebruchs geschiedenen Ehegatten und demjenigen, mit dem er den Ehebruch begangen hat, wenn dieser Ehebruch in dem Urteil als Grund der Scheidung festgestellt ist.«

Und während Männer nach einer Scheidung im Allgemeinen ohne große Wartezeit der nächsten Auserwählten das Jawort geben konnten, hatte die alliierte Kontrollbehörde in Paragraf 8 für Frauen zusätzliche Hürden aufgebaut: »Eine Frau soll nicht vor Ablauf von zehn Monaten nach der Auflösung oder Nichtigkeitserklärung ihrer früheren Ehe eine neue Ehe eingehen, es sei denn, dass sie inzwischen geboren hat.« Der Hintergrund ist klar, wenn auch für die heutige Generation kaum nachvollziehbar: Nach einer Ehe sollte eine Frau ihrem Künftigen nicht ein »Kuckucksei« in Form eines Kindes ihres Ex-Mannes ins Nest legen können.

Auch ansonsten fanden sich im Ehegesetz der Alliierten Bestimmungen, die teilweise wieder eine gewisse Aktualität bekommen haben, denn es gab eine Reihe von Paragrafen, die sich mit »Nichtigkeitsgründen« für eine Ehe befassten.

So hieß es zur »Namensehe«: »Eine Ehe ist nichtig, wenn sie ausschließlich oder vorwiegend zu dem Zwecke geschlossen ist, der Frau die Führung des Familiennamens des Mannes zu ermöglichen, ohne dass die eheliche Lebensgemeinschaft begründet werden soll.« Auf die Idee, dass dieses auch umgekehrt der Fall sein könnte, kamen die Alliierten damals nicht. »Irrtümer über die Eheschließung oder über die Person des anderen Ehegatten« konnten zur Aufhebung einer Ehe führen, wie Paragraf 31 bestimmt:

»Ein Ehegatte kann Aufhebung der Ehe begehren, wenn er vor der Eheschließung nicht gewusst hat, dass es sich um eine Eheschließung handelt, oder, wenn er dies zwar gewusst hat, aber eine Erklärung, die Ehe eingehen zu wollen, nicht abgeben wollte. Das gleiche gilt, wenn der Ehegatte sich in der Person des anderen Ehegatten geirrt hat.« Geschieden werden konnten Ehen schließlich selbst dann, wenn der Partner an einer »schweren ansteckenden oder ekelerregenden Krankheit leidet und Heilung oder die Beseitigung der Ansteckungsgefahr in nächster Zeit nicht erwartet werden kann«. Nicht zu vergessen: Eine Scheidung war auch bei »ehrlosem« Verhalten des Gatten möglich. Nicht zuletzt sollen diese Bestimmungen erwähnt werden: War die Ehefrau allein oder überwiegend schuldig gesprochen worden, die Scheidung herbeigeführt zu haben, durfte ihr der Ex-Mann die Weiterführung seines Namens verbieten. Ähnliches galt, wenn eine Frau sich nach der Scheidung »einer schweren Verfehlung gegen den Mann schuldig [machte], oder [...] gegen seinen Willen einen ehrlosen oder unsittlichen Lebenswandel« führte.

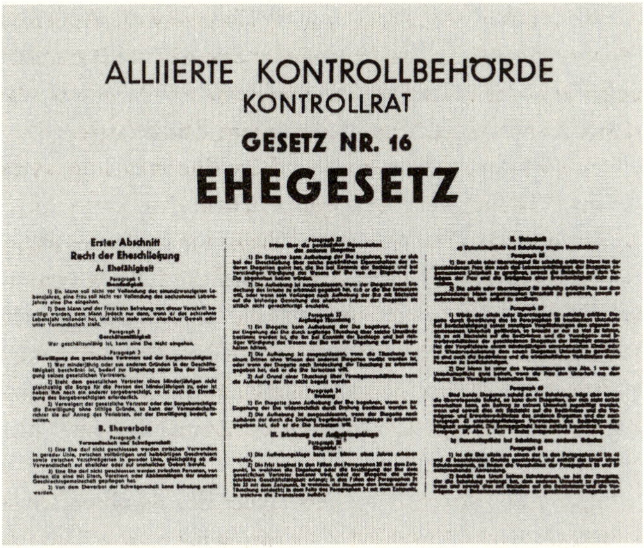

ALLIIERTE KONTROLLBEHÖRDE
KONTROLLRAT
GESETZ NR. 16
EHEGESETZ

Erster Abschnitt
Recht der Eheschließung
A. Ehefähigkeit

B. Eheverbote

Das Ehegesetz des Alliierten Kontrollrates setzte kein Zeichen der Emanzipation und schrieb viele Ungerechtigkeiten fest.

Die systematische Demütigung der Frauen

Frauen mussten Kinder erziehen und für sie sorgen, Trümmer wegräumen und am Aufbau einer neuen Gesellschaft tatkräftig mitwirken. 3,76 Millionen deutsche Soldaten waren im Krieg gefallen und 11,7 Millionen befanden sich in der unmittelbaren Nachkriegszeit noch in Gefangenschaft. In Deutschland gab es 1945 einen Frauenüberschuss von 7,3 Millionen. Konkret hieß das im Jahr 1950 etwa für das Saarland. Auf 100 Männer im heiratsfähigen Alter kamen 173 ebensolche Frauen.

Trotz dieser Mehrheitsverhältnisse wurden Frauen jedoch nur bedingt mehr Rechte zugestanden. Als Trümmerfrauen waren sie unentbehrlich, und in der sowjetischen Besatzungszone konnten sie sich eher entfalten als in den übrigen Zonen, auch in bis dahin typischen »Männerberufen« wie beispielsweise als Straßenbahnfahrerin oder Traktoristin. Mit der Gewährung von Rechten oder der Akzeptanz der Frau als dem Mann »gleichwertiges« Geschöpf hatte das allerdings wenig zu tun. In den westlichen Besatzungszonen wurde ohnehin weitgehend das »traditionelle« Frauenbild gepflegt, das die Frau eher in die Küche verbannte.

In den ersten Nachkriegswochen waren Frauen Freiwild für marodierende Soldaten, insbesondere in der französischen und in der sowjetischen Besatzungszone. Beiden Siegermächten war offensichtlich daran gelegen, nicht nur die deutschen Frauen zu demütigen, sondern mit ihnen zugleich die Deutschen überhaupt. Wie weit man auch in die Geschichte zurückblicken mag: Die Sieger des Zweiten Weltkrieges verhielten sich damit nicht anders als Sieger Tausende von Jahren vor ihnen.

Als wäre dies nicht für die Frauen schon schlimm genug gewesen, wurden sie und ihre Kinder auch häufig Opfer von Übergriffen der eigenen Angehörigen. »Blutschande« war in diesen Zeiten ein sich häufendes Delikt. Erschreckend war die »Großzügigkeit«, mit der die deutsche Justiz, sofern sie von den Alliierten bereits eingesetzt war, in diesen Fällen die Täter behandelte. Vergewaltigungsprozesse bedeuteten damals wie heute eine weitere Demütigung der Opfer, während die Täter oftmals frohlocken konnten. Die Saarbrücker Historikerin Rita Gehlen berichtet exemplarisch über drei Prozesse, die das damalige Rechtsempfinden widerspiegeln:

»1946 wurde ein 38-jähriger Mann zu 1 ½ Zuchthaus verurteilt, weil er seine sechzehnjährige Tochter mehrmals vergewaltigt hatte. Begründung für das milde Urteil: ›Bei der Strafzumessung fiel mildernd ins Gewicht, dass für den Angeklagten die Versuchung, sich an seiner Tochter geschlechtlich zu verfehlen, infolge der ungünstigen Familien- und Wohnverhältnisse recht naheliegend war; ferner dass der Angeklagte während des Krieges einen Arm verloren hat und dadurch erheblich körperbehindert ist.‹« Ein anderer musste gar nur drei Monate ins Gefängnis, obwohl er zugegeben hatte, die vierzehnjährige Schwester seiner Frau mehrmals vergewaltigt zu haben. Für ihn zeigten die Richter Verständnis, da er damals (1943) gerade aus dem Krieg auf Urlaub zu Hause war und sich deshalb zwangsläufig ein »gesteigerter Zustand einer gewissen geschlechtlichen Erregbarkeit« bei ihm eingestellt hatte.

Wie erniedrigend es für betroffene Frauen war, sich einem Gerichtsverfahren auszusetzen, nachdem sie durch die Tat schon tief verletzt waren, zeigt die Urteilsbegründung für einen jungen Bergmann: »Es ist eine natürliche Erscheinung des Geschlechtslebens, dass eine Frau dem ersten Verkehr mit einem neuen Sexualpartner zunächst auch körperlich einen gewissen Widerstand entgegensetzt, der von dem Mann überwunden werden muss. [...] Dazu kam, dass das Verhalten der Zeugin nach Auffassung des Gerichts nicht eindeutig abweisend genug war, um diese falsche Vorstellung des Angeklagten in diesem Falle zu zerstören. [...] Aus dem Zerreißen der Unterwäsche lässt sich nicht unbedingt die Intensität der Gewaltanwendung erkennen, die Beschädigung der Kleidung kann auch durch die erhebliche sexuelle Erregung des Angeklagten verursacht worden sein.«[127]

Der Wunsch der Frau, zur »Frau« zu werden

Hier die systematische Demütigung der Frau – dort das Bemühen um eine vermeintliche Gleichberechtigung. Vorreiter in Fragen einer vorsichtigen Emanzipation waren die Länder der sowjetischen Besatzungszone, die den sozialistischen Vorstellungen von »Gleichberechtigung« gerecht werden wollten. Um diese ging es – zumindest auf dem Papier – in einer Vorlage der von den sowjetischen Machthabern eingesetzten Regierung des damals noch existierenden Landes Thüringen. Waren viele Anordnungen durch die Not jener Zeit erklärlich, gab es in den von den Besatzungsmächten inthronisierten deutschen Selbstverwaltungsstellen eine Reihe von Aktivitäten, die nicht so recht in die Nachkriegssituation zu passen scheinen. Das gilt etwa für die Tatsache, dass sich ein Jahr nach Kriegsende thüringische Bürokraten mit der Frage befassten, ob die Anrede »Fräulein« noch zeitgemäß sei.

In der heutigen Situation Deutschlands in Bezug auf die Frauen und deren Einschalten in den Produktionsprozess ist es unseres Erachtens notwendig, mit althergebrachten Gebräuchen und Gewohnheiten aufzuräumen, die noch immer die Unmündigkeit der Frau zum Ausdruck bringen.

Wir sind deshalb der Ansicht, die Anrede »Fräulein« für Frauen im allgemeinen, insbesondere für diejenigen, die im Berufsleben stehen, zu reduzieren und dafür die viel angebrachtere Anrede »Frau« zu gebrauchen. Es dürfte besonders bei den Ämtern und Behörden notwendig sein, zumal dort, wo starker Publikumsverkehr herrscht.

Man wird zu Recht nach der Begründung dieser Abänderung fragen. Wie schon erwähnt, kann durch die prozentuale Mehrheit der Frauen nicht jede heiraten, um sich den Titel »Frau« zu erwerben. [...]

Noch eine Frage taucht bei den Erwägungen auf: Warum gibt es keinen Unterschied in der Anrede des männlichen Geschlechts? Die Bezeichnung »Herrlein« gibt es nicht, warum also ›Fräulein‹? Auch hier schlummert ein Ungerechtsein und Lächerlichmachen der Frau gegenüber.

Warum wird heute immer noch die Anrede »Fräulein« gebraucht, selbst in den Fällen der Mutterschaft? Worin besteht der Unterschied zwischen einer ehelichen und einer un-

Gehörten auch 1940 noch zum Straßenbild: öffentliche Waagen, die den fortschreitenden Gewichtsverlust dokumentierten.

ehelichen Mutter? Nur in der Anrede »Fräulein«? Jeder Frau steht das Recht zu, naturbedingt Mutter zu werden, auch im Falle der Nichtheirat. Durch ihre Mutterschaft hat ja jede Frau bewiesen, dass sie tatsächlich »Frau« ist.[128]

Bis allerdings das »Fräulein« zur »Frau« wurde, brauchte es noch seine Zeit. Erst im Februar 1955 erhielt in der Bundesrepublik jede Frau durch eine Verordnung des Innenministeriums das Recht, sich als Frau anreden zu lassen. Andererseits: Ohne Fräuleins hätte es das »Frolleinwunder« nicht gegeben, und auch Chris Howland hätte die »Frolleins« nicht besingen können.

Rückkehr zur Normalität

Bildung durch Kultur und Sport

Uraufführung oder Erstaufführung?

In allen Besatzungszonen legten die Siegermächte – wenn auch in unterschiedlicher Intensität – großen Wert darauf, das kulturelle Leben wieder in Gang zu bringen. Besonders fortschrittlich – wenn man so will – waren hier die Sowjets, die in der Hauptstadt schon bald nach ihrem Einmarsch die Öffnung von Theatern anordneten. Dass das Repertoire neu ausgerichtet werden musste, versteht sich von selbst, und dass es zensiert wurde, ebenso. Die neuen Herren genehmigten nicht nur die Spielpläne – oder verwarfen sie –, sondern kontrollierten auch die Ankündigungsplakate aufs Genaueste. Ein falsches Wort – nicht nur im politischen Sinn – und schon konnte eine Strafe fällig werden, wie Mitarbeiter des Berliner Hebbel-Theaters erfahren mussten, da der Hinweis »Uraufführung« in einem Spielplan nicht wie gefordert eingefügt worden war. Sie erhielten von der Geschäftsführung der Druckerei BEREK dieses Schreiben:

Betrifft: Zahlung einer Geldbuße von RM 500,- auf Befehl der Russischen Zentralkommandantur

Auf Befehl der Russischen Zentralkommandantur musste heute der Leiter der Druckannahme – Herr Mertner – zusammen mit Herrn Dr. Reck vom Hebbel-Theater zur Russischen Zentralkommandantur. In Anbetracht dessen, dass beim Druck des Theater-Spielplans für die städtischen Bühnen für die Woche vom 25. Mai bis 31. Mai 1946 eine Korrektur der Russischen Behörde übersehen und bei Drucklegung nicht berücksichtigt worden ist, wurde für BEREK diese obige Strafe verhängt mit dem Hinweis, dass der Schuldige von der Firma ersatzpflichtig herangezogen werden könnte.

Diese Korrektur ist nach eingehender Prüfung sehr unauffällig eingezeichnet worden. Wenn man den verantwortlichen Korrekturleser auch nicht ganz frei von aller Schuld sprechen kann, so muss zugegeben werden, dass bei der unübersichtlichen Art des Spielplans dieser Vermerk übersehen werden kann. Die rote Unterstreichung des Wortes Uraufführung wurde erst heute, also nachträglich, vorgenommen. Es wäre aber andererseits auch sehr gut möglich gewesen, dass dieser Zusatz auch bei Kenntnisnahme durch die verantwortlichen Setzer usw., weggelassen worden wäre, da es sich bei der Aufführung des Stückes wohl um eine Erstaufführung aber nicht um eine Uraufführung dieses Stückes handelt. Die Uraufführung dieses Theaterstücks hat bereits in einer anderen deutschen Stadt stattgefunden. Im Premiere-Plakat ist das Wort Uraufführung auch von den Russen weggelassen.[129]

Probleme hatte die Besatzungsmacht! – Doch wie dem auch sei, die Strafe musste bezahlt werden.

Kultur: Franzosen hinken hinterher

Das Kulturleben wurde – mit Ausnahme der französischen Besatzungszone – relativ früh wieder in Gang gesetzt, weil die Besatzungsmächte in ihm ein hervorragendes Mittel zur politischen Umerziehung der Deutschen, vielleicht auch zu ihrer Ablenkung sahen. So hatte der sowjetische Generaloberst Bersarin in Berlin bereits am 18. Mai 1945 ein erstes Symphoniekonzert erlaubt, dem am 20. Mai ein Konzert der sowjetischen Armee und ein Fußballspiel mit zehntausend Besuchern folgten. Die Berliner Philharmoniker traten am 26. Mai auf, und einen Tag später gab es im Renaissance-

Theater die Aufführung des Schwanks »Der Raub der Sabinerinnen« zu sehen.

Die Haltung der französischen Militärregierung in ihrer Besatzungszone konnte unterschiedlicher nicht sein. Erst ein halbes Jahr später raffte sie sich zu einem ähnlichen Schritt auf und verfügte:

»Im gesamten Bereich des französischen Besetzungsgebietes in Deutschland sind die Veranstaltung von Schauspielen, Konzerten und Opern, volkstümliche Vorstellungen und allgemein alle künstlerischen Darbietungen, an denen Schauspieler und Musiker mitwirken, vom 15. Oktober 1945 an erlaubt. Alle diese Veranstaltungen bleiben den örtlichen Bestimmungen unterworfen, die von den Kreisdelegierten auf dem Gebiete der Theaterpolizei erlassen wurden.«[130] Diese spezielle Polizei hatte alle Aufführungen zu genehmigen, übte also die Funktion des Zensors aus und sollte zudem in den Spielstätten für Ordnung sorgen.

Wie die übrigen Besatzungsmächte auch, wollten die Franzosen, als sie dann den Kulturbetrieb wieder zuließen, ihn nutzen, um über die Kunst die Deutschen in ihrem Sinne zu beeinflussen. Für dieses Ziel schöpften sie nicht zuletzt alle steuerrechtlichen Mittel aus, indem sie etwa die Aufführung französischer Theaterstücke von der Vergnügungssteuer befreiten. Davon profitierte auch die Theatertruppe des Mittelbadischen Theaters. Dem Offenburger Bürgermeister schickte das badische Innenministerium am 22. April 1948 dieses Schreiben:

Die Militärregierung Baden in Freiburg hat mit Note vom 15.12.1947 Nr. 2904/Gir/Fis. die Truppe des Mittelbadischen Theaters in Offenburg auf Antrag von der Vergnügungssteuer für sechs ins Deutsche übersetzte französische Theaterstücke freigestellt. Diese Befreiung gilt nur für Vorstellungen im Lande Baden. Es handelt sich um folgende Theaterstücke:

Der tolle Tag	von Beaumarchais
Der goldene Anker	von Sardou
Der Cid	von Pagnol
Die Kameliendame	nach Dumas

Ferner ein bis zwei moderne franz. Stücke, deren Auswahl noch nicht getroffen ist. [...]

Für den Fall, dass Aufführungen der genannten Theaterstücke in anderen badischen Gemeinden durch Ihre Truppe veranstaltet werden, sind diese Gemeinden hiermit angewiesen, Vorführungen der genannten Theaterstücke bei Vorlage dieses Schreibens von der Vergnügungssteuer freizustellen.[131]

Der Sport der Sieger

Auch in einem anderen Bereich, der im weiteren Sinn ebenfalls der Kultur zuzurechnen ist, verhielten sich die Alliierten anfangs sehr argwöhnisch: beim Sport. Dies ist nachvollziehbar, denn die Nazi-Diktatur hatte den Sport vollkommen in ihren Dienst gestellt. Einmal, indem sie ihn zur vormilitärischen Ausbildung und Wehrertüchtigung nutzte, zum anderen, indem sie ihn – wie etwa bei den Olympischen Spielen von 1936 in Berlin – propagandistisch missbrauchte. Ein gewisses Misstrauen der Alliierten gegenüber den deutschen Sportvereinen war also berechtigt. Und tatsächlich ist nahezu allen frühen Befehlen zu entnehmen, dass die Siegermächte offensichtlich eine panische Angst davor hatten, Sportvereine könnten einer erneuten »Wehrertüchtigung« der Deutschen dienen. Also wurden die Vereine erst einmal kategorisch verboten. Die US-Militärregierung ergänzte dieses Verbot mit ihrer Direktive »JCS 1067/8 für die Behandlung Deutschlands in der Zeit unmittelbar nach der Niederlage« am 11. Mai 1945 und untersagte jegliche Aufzüge auch sportlicher Art.

Es sollte noch Monate dauern, bis auf der Ebene der Besatzungszonen die Gründung von Sportvereinen wieder erlaubt wurde, doch auf lokaler Ebene machten einzelne Militärkommandanten schon frühzeitig von ihren Möglichkeiten Gebrauch, Ausnahmegenehmigungen zu erteilen. In Göttingen etwa ernannte die britische Militärregierung bereits am 25. Juli 1945 einen »Beauftragten für den Wiederaufbau des Sportswesens im Stadt- und Landkreis Göttingen«. Ausgewählt für dieses Amt wurde ein Lehrer, der 1933 als Mitglied des »Internationalen Sozialistischen Kampfbundes« aus dem Schuldienst entlassen worden war. Nazis und Mitläufer sollten im Sport der Nachkriegszeit nichts mehr zu suchen haben. Auch bei ihren Namen sollten die wieder entstehenden Sportvereine mit der Vergangenheit brechen. Eine teilweise etwas sonderbare Auflage: So musste in Göttingen der »1. SC 05« in »Sportklub Schwarz-Gelb« umbenannt werden, aus dem »FC Grone« wurde der »VfL Grone« und aus dem »SC Northeim« die »Sportfreunde Northeim«. »SC 05« – das war nun wirklich kein Name, der mit NS-Ideologie, auch unterschwellig nicht, befrachtet gewesen wäre. Aber sogar der saarländische Fußballklub Borussia Neunkirchen musste seine Farben ändern: Die Klubfarben Schwarz und Weiß erinnerten die französische Siegermacht zu sehr an die ehemaligen Reichsfarben.

Erfolglose Entgermanisierung des Fußballs

An dieser Stelle ist ohnehin ein Abstecher ins Saarland von Interesse. Denn dort unterstützten die Franzosen den Fußball in besonderer Weise, wenn auch keineswegs nur aus sportlichen Erwägungen heraus. Mit ihm wollten sie die saarländisch-französische Annäherung befördern, wozu zunächst die Abkoppelung des Saar-Fußballs vom Fußball im übrigen Deutschland und seine »Entgermanisierung« erforderlich waren. Im Mai 1948 ließ die Besatzungsmacht einen eigenständigen Verband, den Saarländischen Fußball-Bund (SFB), gründen, der wiederum dem Französischen Fußball-Verband angehörte. Einige Monate später folgte die »Anregung« der saarländischen Regierung, die Mitgliedsverbände im Landessportverband mögen sich doch den entsprechenden französischen Sportverbänden angliedern. In der Praxis führte dies dazu, dass der FC Saarbrücken beantragte, in der zweiten französischen Division um die Meisterschaft mitspielen zu können. Dort wurde er in der Saison 1948/49 vor Girondins Bordeaux sogar Meister. Der Aufstieg in die erste Liga blieb den Saarbrückern jedoch verwehrt; der französische Verband lehnte dies ab, denn er wollte offensichtlich nicht das Risiko eingehen, einen saarländischen – und damit irgendwie doch »deutschen« Club – als Meister der ersten Division zu sehen.

1950 wurde der SFB als ordentliches Mitglied vom Internationalen Fußball-Verband aufgenommen; dem Antrag, über den auf einem Kongress in Rio de Janeiro abgestimmt wurde, hatte selbst der Deutsche Fußball-Bund (DFB) zugestimmt! Premiere für die saarländische Nationalmannschaft war dann am 22. November 1950 bei einem Treffen mit dem B-Team der Schweiz. Trainiert wurde die Elf von Gusti Jordan, einem Österreicher mit französischer Staatsangehörigkeit, den die Franzosen als Nationaltrainer abgestellt hatten. Besonders pikant: Jordans Nachfolger wurde Helmut Schön, der allerdings schon bald die Eingliederung des Saar-Fußballs in den deutschen betrieb. Doch bis ins Jahr 1952 sollte es dauern, bis endgültig alle Versuche aufgegeben wurden, den saarländischen Fußball auf Dauer in den französischen zu integrieren, die Verbindungen in das übrige Westdeutschland ließen sich einfach nicht kappen. Am 22. Juni 1952 strömten über 80 000 Menschen ins Ludwigshafener Stadion, um das Spiel zwischen dem VfB Stuttgart und dem 1. FC Saarbrücken anzusehen, der damit erstmals nach dem Krieg um die deutsche Fußballmeisterschaft kämpfte. Und was heute kaum noch bekannt ist: Die westdeutsche Fußballmannschaft, die 1954 »das Wunder von Bern« vollbrachte und Weltmeister wurde, hatte sich zuvor gegen die saarländische Nationalmannschaft zu qualifizieren. Das erste Spiel verloren die Saarländer mit 0 : 3 Toren, das Rückspiel mit viel Pech mit 1 : 3.

Erst 1956 schloss die FIFA den Saarländischen Fußball-Bund als Mitglied aus. Der legendäre Hermann Neuberger hatte die Delegierten erfolgreich davon überzeugen können, dass sich der SFB für eine Rückkehr zum Fußball innerhalb des Deutschen Fußball-Bundes entschieden habe.

Polo und Kricket für die Besiegten

Die Deutschen sollten sich zunächst in ihren sportlichen Aktivitäten auf Disziplinen beschränken, die auch nicht einmal andeutungsweise der gefürchteten Wehrertüchtigung dienen konnten. Dies war den Siegern über die Zonengrenzen hinweg wichtig. So verfügte die Alliierte Kommandantura am 19. November 1945 für Groß-Berlin, dass folgende Sportarten zugelassen sein sollten: »Volleyball, Basketball, Rugby, Fußball, Schlittschuhlaufen, Tennis, Kegeln, Angeln, Kinder-Gymnastik, Körper-Gymnastik«. Ergänzend hieß es: »Die erlaubten Sportabteilungen dürfen keinen militärischen Charakter haben.«[132] Für ganz Deutschland legte der Alliierte Kontrollrat am 30. November fest, »jegliche Tätigkeit von Verbänden, Vereinen, Gruppen und Einzelpersonen, die, unmittelbar oder mittelbar, die Theorie, Grundsätze,

Technik, oder Mechanik des Krieges lehrt, oder die irgendwelche kriegerische Handlungen vorbereitet, ist hiermit verboten und wird für gesetzwidrig erklärt«. Und sollten sich die Deutschen wider Erwarten nicht an die Bestimmungen halten, wurde ihnen zusätzlich klar gemacht: »Versuche, die Bestimmungen dieses Gesetzes unter dem Deckmantel von Vereinen zur Pflege von Sport oder Leibesübungen zu umgehen, sind verboten.«[133] Ausdrücklich wurden die örtlichen Militärkommandanten aufgefordert, ein Auge auf Sport treibende Deutsche zu werfen. In ihrer »Anweisung Nr. 17« vom 3. Dezember 1945 »Sportvereine und Versammlungen« erinnerte die britische Militärregierung daran, »dass die Geschichte von Sportvereinen unter dem Nazi-Regime zeigt, dass sie ein mächtiges Werkzeug zur Verbreitung von Nazilehren und Einprägung von Militarismus bildeten. Es ist klar, dass die gegenwärtige Lockerung der Einschränkung ihrer Tätigkeit eine Gefahr enthält, dass sie wieder in dieser Weise missbraucht werden.«

Auch bei der Genehmigung von Vereinsgründungen verhielten sich die Franzosen zögerlich. So durften in ihrer Besatzungszone erst ab 13. Dezember 1945 Jugendvereine gegründet werden, die sich ausschließlich auf die »körperliche, sportliche, moralische, soziale, künstlerische oder berufliche Ausbildung ihrer Mitglieder« zu beschränken hatten. Erlaubt waren demnach Sportvereine mit »allgemein-sportlichem Charakter« und ab Februar 1946 – im französischen Herrschaftsbereich – auch Vereine für den Wintersport, den Radfahrsport, den Reitsport und die im damaligen Deutschland nicht eben verbreiteten Sportarten Tennis, Golf, Polo und Kricket. In der amerikanischen Zone schließlich hätten sich die Deutschen ab März 1946 in Vereinen weiteren Sportarten widmen können: neben dem Bergsteigen unter anderem dem Hockey und dem Eishockey, dem Volleyball und dem Badminton. Der Sport wurde also ausdrücklich dafür genutzt, den Besiegten die »Kultur« der Sieger – auch in ihren sportlichen Varianten – nahe zu bringen.

Schwere Zeiten für Karnevalisten

Besonders schwer gefallen sein wird es vielen Deutschen, vor allem im Rheinland und in den südlichen Regionen des Landes, dass zunächst das so geliebte Karnevalstreiben stark eingeschränkt war. Obwohl es, so könnte man sagen, nach dem Krieg ohnehin nicht viel Anlass zur überschäumenden Freude gab, kann ein echter Karnevalist nun einmal nicht ohne diese Festlichkeiten leben, auf die er sich die größte Zeit des Jahres freut. Doch wenn schon gefeiert werden sollte, wollten die Militärbehörden die Kontrolle darüber behalten, wie exemplarisch aus Unterlagen des badischen Innenministeriums hervorgeht. Nach dem Krieg waren hier »Fastnachtslustbarkeiten« generell erst einmal verboten, bis es nach und nach zu gewissen Lockerungen kam. Für die Fastnachtszeit 1948 wurden deshalb die Landratsämter und Polizeidirektionen am 19. Januar über diese Vorgaben der Militärregierung informiert:

---

1. Die Abhaltung von karnevalistischen Veranstaltungen ist nur in geschlossener Gesellschaft gestattet. Öffentliche Maskenbälle sind verboten. Die Landratsämter und Polizeidirektionen haben die örtl. Mil.Reg. von den in ihrem Dienstbereich stattfindenden Fastnachtsveranstaltungen in Kenntnis zu setzen.
2. Karnevalistische Veranstaltungen nach dem Fastnachtsdienstag (10. Februar 1948) werden [...] verboten. Diesem Verbot unterliegen auch private Veranstaltungen, die in Wirtschafts- oder anderen der Öffentlichkeit zugänglichen Räumen stattfinden.

3. Aufgrund der §§366 Ziffer 1 C und 360 Ziffer 11 des Strafgesetzbuches und des §5 der StVO wird jedes Fastnachtstreiben auf öffentlichen Straßen und Plätzen untersagt, also insbesondere alle Faschingsauf- und -umzüge sowie jedes faschingsartige Auftreten von Personen auf öffentlichen Straßen und Plätzen. Unter dieses Verbot fallen nicht die in bestimmten Teilen des Landes üblichen und althergebrachten (historischen) Gebräuche besonderen lokalen Charakters, sofern sie in der Zeit von Donnerstag vor Fastnacht bis Fastnachtsdienstag stattfinden. Das Verbot gilt ferner nicht für Kinder unter 14 Jahren. Die Durchführung der üblichen althergebrachten Faschingsumzüge darf nur mit Zustimmung der Militärregierung erfolgen; in Orten, in denen sich historische Narrenzünfte befinden, darf sie nur durch diese geschehen, damit die Gewähr geboten ist, dass Auswüchse unterbleiben und nur wirklich altes Brauchtum gezeigt wird.«[134]

Eine Verlängerung der Feierlichkeiten musste bei der Militärregierung gesondert beantragt werden. Ebenso konnte bei den wenigen erlaubten Veranstaltungen nicht einfach getanzt werden, sondern hierfür war wiederum eine gesonderte Tanzerlaubnis erforderlich. Der Weg in die Normalität blieb beschwerlich.

Absurdistan war überall

Zu Beginn dieses Buches ist das Wort »Absurdistan« gefallen. Es beschreibt treffend ein Land, dass durch fremde Mächte aus einem rechtsfreien Raum wieder zurück in eine wie auch immer ausgeformte Ordnung geführt wird. Dabei muss betont werden, dass es Befehle und Anordnungen gab, die uns zwar heute – nach sechzig Jahren Frieden und in einem relativen Wohlstand lebend – absurd erscheinen, die aber in ihrer Zeit durchaus sinnvoll waren: Teils, weil sie das Leben im zerstörten Deutschland wieder in Gang bringen sollten, teils, weil sie aus der Unsicherheit heraus entstanden, wie sich die besiegten Deutschen gegenüber den Besatzungsmächten verhalten würden. So ist es nachvollziehbar, dass die Franzosen ein Flugverbot für Brieftauben verhängten: sie hätten als Nachrichtenübermittler dienen können. Es machte Sinn, Fotoapparate einzuziehen, Wohnungen und Einrichtungen für die Besatzungstruppen und ihre Angehörigen zu requirieren. Aber was ist von dem Befehl zu halten, nach dem ganz Berlin am 1. Juni 1945 ein einziges Flaggenmeer sein sollte? Er ist ebenso unter dem Begriff »absurd« abzulegen wie der – bei allem Verständnis für ein Fraternisierungs-Verbot –, dass US-Soldaten nicht gemeinsam mit Deutschen auf Kirchenbänken sitzen durften.

Die Deutschen hatten nach dem für sie katastrophalen Ende des Nazi-Regimes und des Zweiten Weltkrieges zu lernen und Erfahrungen zu machen, die in den Besatzungszonen höchst unterschiedlich ausfielen. Ausgerechnet – so mag mancher sagen – die Sowjets wollten in ihrer Zone sowie in Groß-Berlin das Alltagsleben so schnell wie möglich wieder normalisieren, durch die Wiederherstellung der

Wasserleitungen, die Räumung der Straßen, erste kulturelle Veranstaltungen und den Aufbau einer deutschen Selbstverwaltung. Dass sie gleichzeitig eine brutale Stalinisierungspolitik betrieben, Demokratisierungsansätze erst gar nicht zuließen, die Wirtschaft in ihrer Zone durch Demontagen vollends zugrunde richteten, Tausende inhaftierten und zu Zwangsarbeit verurteilten, darf dabei nicht verschwiegen werden.

Anders gingen die Amerikaner vor. Sie plünderten das zerstörte Deutschland nicht weiter aus, hätte es doch wenig Sinn gemacht, eine demontierte Fabrik in die USA zu verschiffen. Den GIs wurde noch bis ins Jahr 1947 eingeschärft, dass sie sich in Feindesland befanden. Doch nachdem sich gezeigt hatte, dass von den Deutschen keine Gefahr mehr ausgehen würde und sich die Besiegten zur demokratischen Bekehrung bereit zeigten, schütteten die Amerikaner ihr Füllhorn über ihrer Zone und dann ganz Westdeutschland aus. Der Plan Morgenthaus, der aus Deutschland ein Agrarland hatte machen wollen, wurde nie ganz aus der Schublade geholt. Statt dessen trat der Marshall-Plan in Kraft, mit dem das Wirtschaftswunder angestoßen wurde. Wie heute im Zusammenhang mit Afghanistan oder dem Irak auch empfanden die USA die missionarische Aufgabe, Deutschland die Segnungen der Demokratie zu bringen. Völlig uneigennützig – dies sei nicht verschwiegen – handelten sie dabei nicht, denn sie wollten Deutschland zugleich zu einem Bollwerk gegen den Kommunismus ausbauen. Dies geschah vor dem Hintergrund, dass nicht nur die Sowjetunion in ihrer Besatzungszone ein kommunistisches Regime installierte, sondern dass auch in Frankreich in jenen Jahren die reale Gefahr eines kommunistischen Umsturzes bestand. Aus diesem Grund schnitten die Amerikaner per Anordnung auch das Land Bremen mit der Exklave Bremerhaven aus der

Wichtig nur für die Soldaten der französischen Besatzungsmacht in Deutschland: Hinweisschilder im Berliner Bezirk Wedding 1945.

britischen Besatzungszone heraus. Die USA wollten sich einen Hafen zur Versorgung ihrer Truppen sichern, falls Frankreich eine kommunistische Regierung bekäme.

Die Grande Nation fühlte sich nach 1945 als Sieger zweiter Klasse. Eine Besatzungszone in Westdeutschland und einen Sektor in Berlin erhielt sie nur, weil Amerikaner und Briten ihr im Rahmen des Londoner Abkommens vom 14. November 1944 Teile der eigenen Besatzungszonen zugestanden hatten. Die Franzosen kompensierten den daraus resultierenden Minderwertigkeitskomplex vielleicht zu einem Teil durch ein besonders harsches Vorgehen. Schwerer jedoch scheint zu wiegen, dass sie selbst mehrere Jahre unter einer äußerst rigiden Besatzungspolitik gelitten und zahlreiche Opfer zu beklagen hatten.

Unterscheiden muss man allerdings in der französischen Besatzungspolitik jener Jahre zwischen dem Vorgehen in Rheinland-Pfalz und dem heutigen Baden-Württemberg, Ländern, aus denen sich die Besatzungsmacht hemmungslos bediente, und dem Saarland, das relativ glimpflich davon kam, weil die Franzosen es schon als zukünftigen Teil ihres eigenen Landes betrachteten.

Auf der Suche nach »absurden« Befehlen der Nachkriegs zeit waren die Archive der britischen Zone am wenigsten ergiebig. Von den Briten sind Massenvergewaltigungen ebenso wenig bekannt wie Deportationen. Zur deutschen Bevölkerung entwickelte sich schnell ein entspanntes Verhältnis, wenngleich die britische Besatzungsmacht in der Versorgung der Bevölkerung auf Grund der eigenen Nahrungsmittelknappheit mit den USA nicht mithalten konnte. Natürlich gab es Ausnahmen, doch wenn die Wiege der parlamentarischen Demokratie in Großbritannien steht und dieses Land zudem Erfinder des »Fair Play« ist, spiegelte sich dies offensichtlich auch im Verhalten des britischen Offizierskorps wider.

Politik, das zeigen die aufgeführten Befehle, wird von Menschen gemacht – der Krieg auch. Auszubaden haben beides bis heute wiederum Menschen. Insofern wiederholt Geschichte sich doch. Das ist eine der Lehren aus der Nachkriegszeit. Wie im Krieg selbst gibt es Menschen, die im Positiven wie im Negativen über sich hinauswachsen. Nach dem Ende der Schlachten ist dies nicht anders. Es gibt die sturen Befehlsgeber und die schlichten Befehlsempfänger. Es finden sich aber auch diejenigen, die ihre Menschlichkeit nach Jahren des Krieges nicht verloren haben – oder sie wiederentdecken. Und das ist das Tröstliche und Ermutigende.

Anhang

Ergänzende Dokumente

Protokoll zwischen den Vereinigten Staaten, Großbritannien und der Sowjetunion vom 12. September 1944 über die Besatzungszonen in Deutschland und die Verwaltung von Groß-Berlin (Auszug)

Die Regierungen der Vereinigten Staaten von Amerika, des Vereinigten Königreichs von Großbritannien und Nord-Irland und der Union der Sozialistischen Sowjetrepubliken haben folgendes Übereinkommen im Hinblick auf die Ausführung des Artikels 11 der Urkunde der bedingungslosen Kapitulation Deutschlands erreicht:

1. Deutschland, innerhalb der Grenzen, wie sie am 31. Dezember 1937 bestanden, wird zum Zwecke der Besetzung in drei Zonen eingeteilt, deren je eine der drei Mächte zugewiesen wird, und ein besonderes Berliner Gebiet, das gemeinsam von den drei Mächten besetzt wird,
2. die Grenzen der drei Zonen und des Berliner Gebietes und die Verteilung der drei Zonen unter den USA, dem UK und der UdSSR wird wie folgt sein:

   Ostzone
   Das Gebiet Deutschlands (einschließlich der Provinz Ostpreußen), gelegen östlich einer Linie, die gezogen wird von dem Punkt an der Lübecker Bucht, wo die Grenzen Schleswig-Holsteins und Mecklenburgs zusammentreffen, entlang der Westgrenze Mecklenburgs, bis zur Grenze der Provinz Hannover, dann entlang der östlichen Grenze von Hannover zur Grenze von Braunschweig; dann entlang der westlichen Grenze der preußischen Provinz Sachsen zur westlichen Grenze von Anhalt; dann längs der Westgrenze von Anhalt; dann längs der westlichen Grenze der preußischen Provinz Sachsen und der westlichen Grenze Thüringens bis dahin, wo die letztere die bayerische Grenze trifft; dann ostwärts längs der nördlichen Grenze Bayerns bis zur tschechoslowakischen Grenze bis zum Jahre 1937, wird von den bewaffneten Streitkräften der UdSSR besetzt mit Ausnahme des Berliner Gebietes, für das ein besonderes Besetzungssystem weiter unten vorgesehen ist.

   Nordwestliche Zone
   Das Gebiet Deutschlands westlich der oben bezeichneten Linie und begrenzt im Süden von einer Linie, die von dem Punkt aus gezogen ist, wo

die westliche Grenze Thüringens die bayerische Grenze trifft; dann westlich längs der südlichen Grenze der preußischen Provinzen Hessen-Nassau und der Rheinprovinz bis dahin, wo die letztere die Grenze Frankreichs trifft, wird von den bewaffneten Streitkräften von ...... [im Original erscheinen hier Punkte, V. K.] besetzt werden.

Südwestliche Zone
Das restliche Gebiet Westdeutschlands, gelegen im Süden von der Linie, wie sie in der Beschreibung der nordwestlichen Zone definiert wird, wird von den bewaffneten Streitkräften von ...... [im Original erscheinen hier Punkte, V. K.] besetzt werden.

Berliner Gebiet
Das Berliner Gebiet wird gemeinsam von den bewaffneten Streitkräften der USA, des UK und der UdSSR, die durch die entsprechenden Oberkommandierenden dazu bestimmt werden, besetzt. Zu diesem Zweck wird das Gebiet Groß-Berlins in die folgenden drei Teile eingeteilt: [...][136]

Londoner Abkommen vom 14. November 1944 über die Kontrolleinrichtungen in Deutschland in der durch das Ergänzungsabkommen vom 1. Mai 1945 über den Beitritt der Französischen Republik abgeänderten Fassung (Auszug)

Artikel 1
Die Oberste Gewalt in Deutschland wird auf Weisung ihrer jeweiligen Regierungen von den Oberbefehlshabern der militärischen Streitkräfte der Französischen Republik, der Vereinigten Staaten von Amerika, des Vereinigten Königreichs und der Union der Sozialistischen Sowjetrepubliken ausgeübt, von jedem in seiner eigenen Besatzungszone und auch gemeinsam in den Deutschland als ganzes betreffenden Angelegenheiten als Mitglieder des durch das gegenwärtige Abkommen errichteten Obersten Kontrollbehörde.[137]

Protokoll über die Verhandlungen auf der Krim-Konferenz (Auszug)

III Das Vereinigte Königreich, die Vereinigten Staaten von Amerika und die Union der Sozialistischen Sowjetrepubliken werden die oberste Autorität gegenüber Deutschland innehaben. [...]

Besatzungszone für Frankreich und Kontrollrat für Deutschland.

Es wurde beschlossen, dass eine durch französische Streitkräfte zu besetzende Zone Deutschlands Frankreich zugewiesen werden soll. Diese Zone soll aus der britischen und amerikanischen Zone gebildet wer-

den und ihre Größenordnung soll durch die Briten und Amerikaner in Konsultationen mit der Provisorischen Französischen Regierung geregelt werden.
Es wurde ebenfalls beschlossen, dass die Provisorische Französische Regierung eingeladen werden soll, Mitglied des Alliierten Kontrollrats zu werden.[138]

Erklärung in Anbetracht der Niederlage Deutschlands und der Übernahme der obersten Regierungsgewalt in Deutschland durch die Regierungen der Vereinigten Staaten, Großbritanniens, der Sowjetunion und der Provisorischen Regierung der Französischen Republik vom 5. Juni 1945 (Auszug)

Es gibt in Deutschland keine zentrale Regierung oder Behörde, die fähig wäre, die Verantwortung für die Aufrechterhaltung der Ordnung, für die Verwaltung des Landes und für die Ausführung der Forderungen der siegreichen Mächte zu übernehmen. Unter diesen Umständen ist es notwendig, unbeschadet späterer Beschlüsse, die hinsichtlich Deutschland getroffen werden, Vorkehrungen für die Einstellung weiterer Feindseligkeiten seitens der deutschen Streitkräfte, für die Aufrechterhaltung der Ordnung in Deutschland und für die Verwaltung des Landes zu treffen und die sofortigen Forderungen zu verkünden, denen Deutschland nachzukommen verpflichtet ist. [...]
Die Regierungen des Vereinigten Königreichs, der Vereinigten Staaten von Amerika, der Union der Sozialistischen Sowjetrepubliken und die Provisorische Regierung der Französischen Republik übernehmen hiermit die oberste Regierungsgewalt in Deutschland, einschließlich aller Befugnisse der deutschen Regierung, des Oberkommandos der Wehrmacht und der Regierungen, Verwaltungen oder Behörden der Länder, Städte und Gemeinden. Die Übernahme zu den vorstehend genannten Zwecken der besagten Regierungsgewalt und Befugnisse bewirkt nicht die Annektierung Deutschlands.[139]

Abkürzungen

BDM	Bund Deutscher Mädchen
DDR	Deutsche Demokratische Republik
DFB	Deutscher Fußball-Bund
FIFA	Fédération Internationale de Football Association
GI	»Government Issue« (übertr. für US-amerikanische Soldaten)
HJ	Hitler-Jugend
NSDAP	Nationalsozialistische Partei Deutschlands
NSFK	Nationalsozialistisches Fliegerkorps
NSKK	Nationalsozialistisches Kraftfahrerkorps
Pg., auch PG	Parteigenosse (Mitglied der NSDAP)
RM	Reichsmark
SA	Sturmabteilung
SD	Sicherheitsdienst
SBZ	Sowjetische Besatzungszone
SFB	Saarländischer Fußball-Bund
SMAD	Sowjetische Militäradministration in Deutschland
SS	Schutzstaffel
StVO	Straßenverkehrsordnung
UdSSR	Union der Sozialistischen Sowjetrepubliken
UK	United Kingdom

Archive und Bibliotheken

Landesarchiv Berlin (LAB)
Staatsarchiv Freiburg (STAF)
Stadtarchiv Freiburg
Landesarchiv Saarbrücken (LAS)
Parlamentsarchiv des Deutschen Bundestages, Bonn/Berlin
Bibliothek des Deutschen Bundestages, Bonn/Berlin

Literatur und Quellen

Der deutsche Südwesten zur Stunde Null. Zusammenbruch und Neuanfang im Jahr 1945, Generallandesarchiv Karlsruhe 1975

Eschenburg, Theodor/Frank-Planitz, Ulrich (Hg.): Republik im Stauferland – Baden-Württemberg nach 25 Jahren, DVA, München 1977

Fürmetz, Gerhard/Reinke, Herbert/Weinhauer, Klaus (Hg.): Nachkriegspolizei – Sicherheit und Ordnung in Ost- und Westdeutschland 1945–1969, Forum für Zeitgeschichte Band 10, Ergebnisse Verlag, Hamburg 2001

Hermes, Friedrich/Müller, Karl: Heimatchronik von Monreal in der Eifel, Gemeinde Monreal 2002

Herget, Winfried/Kremp, Werner/Rödel, Walter G. (Hg.): Nachbar Amerika, 50 Jahre Amerikaner in Rheinland-Pfalz, WVT Wissenschaftlicher Verlag Trier 1995

Hochstuhl, Kurt (Hg.): Deutsche und Franzosen im zusammenwachsenden Europa 1945–2000, Kohlhammer Stuttgart 2003

John, Jürgen (Hg.): Quellen zu Geschichte Thüringens, 1945–1952, Landeszentrale für politische Bildung Thüringen, Erfurt 1999

Plato, Alexander von/Leh, Almut (Hg.), »Ein unglaublicher Frühling« – Erfahrene Geschichte im Nachkriegsdeutschland 1945–1948, Bundeszentrale für politische Bildung, Bonn 1997

Schreiber, Bernhard: Die Polizei und Gendarmerie im Land Baden 1945–1952, Selbstverlag 1999

Von der »Stunde 0« zum »Tag X«. Stadtverband Saarbrücken, Regionalgeschichtliches Museum, Merzig 1990

Dank

Ein Roman mag in der Regel das Werk eines einzelnen Autors sein, ein Sachbuch wie dieses ist es nie. Viele haben mich ermuntert, das Thema anzupacken, und mich bei den Recherchen unterstützt. An erster Stelle ist besonders mein Freund Albrecht Feibel, saarländischer Bundestagsabgeordneter, zu nennen, der engagiert mit Rat und noch mehr mit Tat zum Entstehen dieses Bandes beitrug. Gleiches gilt für Baden-Württembergs Bundesminister Rudolf Köberle sowie den Sprecher der Baden-Württembergischen Landesvertretung in Berlin, Ulrich Rapp. Dank gebührt schließlich Werner Breunig vom Landesarchiv Berlin, der mir wieder einmal unkonventionell zur Seite stand, sowie Christian Härtel, einem exzellenten Lektor.

Anmerkungen

1 Protokoll zwischen den Vereinigten Staaten, Großbritannien und der Sowjetunion vom 12. September 1944. Zit. nach: Die Konferenzen von Malta und Jalta, Düsseldorf, o.J. Siehe auch Abdruck im Anhang des vorliegenden Buches, S. 167.
2 Zit. nach: Die Konferenzen von Malta und Jalta, Düsseldorf, o.J. Siehe auch Abdruck im Anhang des vorliegenden Buches, S. 167f.
3 Aus dem Befehl von General Dwight D. Eisenhower, 28. September 1944, Historical Division, Karlsruhe 1950.
4 The OMGUS Surveys, 1945–1949, urbana etc. 1970.
5 LAB, F Rep. 280, 2282, Ergebnis der Besprechung aller Bürgermeister und Unterbürgermeister von Wilmersdorf bei Oberst Saizeff, 5. Juni 1945.
6 Ebd.
7 STAF, C 15/1, Nr. 767, Schreiben des Staatssekretärs des Badischen Ministeriums des Innern an alle Staatlichen Dienststellen und die Herren Oberbürgermeister der Städte Baden-Baden, Freiburg und Konstanz, Verhalten von Beamten, 11. März 1947.
8 STAF, C 15/1, Nr. 767, Schreiben des Staatspräsidenten des Landes Baden an sämtliche Ministerien, 8. September 1947.
9 Bibliothek des Deutschen Bundestags, Journal Officiel du Commandement en Chef Français, Direktive Nr. 6, 26. Oktober 1945.
10 LAS, Reg. Präs. Nr. 24, Schreiben des Regierungspräsidenten Saar an alle Abteilungsleiter, Gemeinschaftsarbeit des Wiederaufbaus, 3. Juni 1946.
11 STAF, C 15/1, Nr. 767, Schreiben des Gouvernement Militaire Allemagne, Verhalten einzelner deutscher Beamter gegenüber den französischen Besatzungsbehörden, 11. Juli 1946.
12 Befehl Nr. 78 der SMAD vom 27. September 1945, Betr.: Den Rundfunkempfang in der Sowjetischen Besatzungszone Deutschlands.
13 Anlage zu Befehl Nr. 78.
14 Anlage zu Befehl Nr. 78.
15 Archiv des Eisenwerks Neunkirchen.
16 Broschüre der amerikanischen Militärverwaltung, ohne Impressum, zitiert in: Der deutsche Südwesten zur Stunde Null, Landeszentrale für politische Bildung Baden-Württemberg, 1975.
17 Bibliothek des Deutschen Bundestags, Gazette Officielle, Direktive Nr. 16 des Alliierten Kontrollrats, Richtlinien für die deutschen Politiker und die deutsche Presse, 12. Oktober 1946.
18 LAB, F Rep. 280, 2352, Befehl der Kommandantur, 1. Juni 1945.
19 LAB, F Rep. 280, 2370, Weitergabe des entsprechenden Befehls durch das Bezirksamt Steglitz, 1. Juli 1945.
20 LAB, C Rep. 2368, Anordnung des stellv. Bürgermeisters von Steglitz vom 27. Juni 1945.
21 Aus: Frank Stenglein, Amerikaner demütigen die Essener Stadtspitze, Neue Ruhr Zeitung, 29. April 1995.
22 Office of the Chief, Frankfurt am Main, European Command, Report on Fraternization With the Germans in World War II, Occupation Forces in Europe Series 1945–46.
23 Amtliches Mitteilungsblatt der Stadt Geislingen, Juni 1945.
24 Heimatchronik von Monreal in der Eifel, Gemeinde Monreal 2002, S. 209.
25 Bibliothek des Deutschen Bundestages, Gazette Officielle, 27. Juni 1945, Bekanntmachung an die Bevölkerung.
26 Archiv der Stadt Koblenz.
27 LAB, F Rep. 280, 1241, Befehl Nr. 4, 20. Mai 1945 und F Rep. 280, 2326, Flugblatt, An die Bevölkerung des Verwaltungsbezirks Steglitz, 22. Mai 1945. Zu diesem Zeitpunkt galt in Deutschland bereits eine Sommerzeit, so dass die Zeitdifferenz zur Moskauer Zeit nur eine Stunde betrug.
28 LAB, F Rep. 280, 12267, BK/O (45) 110, 20. September 1945.
29 Stadtarchiv Jena, BIII 1 a, Nr. 22. n. p., Anweisung gegen Gerüchte über einen

erneuten Besatzungswechsel, 13. August 1945.

30 Bibliothek des Deutschen Bundestags, Journal Officiel du Commandement en Chef Français, Direktive Nr. 16, 26. Oktober 1945.

31 STAF, C 15/1, 1134, Schreiben der Einheitsgewerkschaft d. Eisenbahner, Betr.: Beibehaltung der mitteleuropäischen Zeit im Sommer 1947, 6. Januar 1947.

32 STAF, C 15/1, 1134, Schreiben des Oberbürgermeisters Konstanz an den Staatssekretär für Inneres, Freiburg, 8. Mai 1947.

33 STAF, C 15/1, 1134, Badische Zeitung, Gegen die doppelte Sommerzeit, 9. Mai 1947.

34 STAF, C 15/1, 1134, Schreiben des badischen Staatspräsidenten an den Bundesminister des Innern, 19. Januar 1950.

35 Der deutsche Südwesten zur Stunde Null, Landeszentrale für politische Bildung, Baden-Württemberg 1975.

36 LAS, Militärregierung Saar, Hauptverwaltung, Schreiben an den Regierungspräsidenten Saarbrücken, Betr.: Gebrauch des Französischen für jeden Schriftwechsel mit der Militärregierung, 21. August 1945.

37 LAS, Schreiben des Landrates des Kreises St. Ingbert an die Bürgermeister, Amtssprache im Verkehr mit militärischen Dienststellen, 28. August 1945.

38 LAB, FBN, Nr. 4375, VOBL 1945, S. 39.

39 LAB, C Rep. 2395, Schreiben des Kreuzberger Bauamtes vom 7. Juni 1945.

40 Stadtarchiv Gera, III C 01, Nr. 0384, Bl. 12.

41 LAB, C Rep. XX, Vorschläge der Deutschen Verwaltung für Volksbildung, Berlin, 17. April 1946.

42 LAS, Regierungspräsidium Saar, Bekanntmachung über Zählung und Anmeldung der Brieftauben, Saarbrücken, 14. August 1945.

43 LAS, St. Ingbert, Der Landrat, Betr.: Haltung, Aufzucht und Dressur von Brieftauben, St. Ingbert, 15. November 1947.

44 LAS, St. Ingbert, Der Landrat, Betr.: Brieftauben, 13. Januar 1949.

45 LAS, Reg. Präs 109, Bekanntmachung des Regierungspräsidiums Saar, Saarbrücken, 7. September 1945.

46 LAS, Reg. Präs. 109, Schreiben des Bürgermeisters der Gemeinde Sulzbach an den Landrat des Landkreises Saarbrücken, Zählung von Beutepferden, 29.10.1945.

47 LAS, Generalsekretariat des Regierungspräsidenten, Vollmacht, 198/45 A, 19. Oktober 1945.

48 LAS, Schreiben des Oberbürgermeisters der Stadt Saarbrücken – Requisition – an das Regierungspräsidium Saar, 19. Oktober 1945.

49 LAS, Schreiben des Generalsekretariats des Regierungspräsidenten an den Oberbürgermeister der Stadt Saarbrücken, 224/45 A, 31. Oktober 1945.

50 LAS, Generalsekretariat des Regierungspräsidenten, Schreiben an den Oberbürgermeister der Stadt Saarbrücken, 23. November 1945.

51 LAS, Schreiben des Generalsekretariats des Regierungspräsidenten an den Oberbürgermeister der Stadt Saarbrücken, 182/45 A, 15. September 1945.

52 LAS, Schreiben des Oberbürgermeisters der Stadt Saarbrücken an den Regierungspräsidenten, 15. Oktober 1945.

53 LAS, Reg. Präs. Nr. 103, Regierungspräsidium Saar, Abt. Arbeit, Bericht an den Regierungspräsidenten, Möbel- und Haushaltsgegenstände der im Rahmen des Interzonen-Austausches in andere Zonen rückgeführten Personen, 3. Juli 1947.

54 LAS, Reg. Präs. Nr. 103, Vermerk des Regierungspräsidenten Saar an den Saarbrücker Oberbürgermeister, 17. Mai 1946.

55 LAS, Der Landrat des Kreises Ottweiler, Verfügung, 26. November 1945.

56 LAS, Der Landrat, Schreiben an das Regierungspräsidium Saar, Gegenstand: Beschwerde gegen das Landesbesatzungsamt, 7. März 1946.

57 LAS, Schreiben des Regierungspräsidenten, Betr.: Beschlagnahmung eines

Schlafzimmers und eines Küchenherdes, 24. August 1945.
58 STAF, C 5/1, Nr. 1210, Landesregierung Rheinland-Pfalz, Finanzminister, Schreiben an Ministerpräsident Altmeier, Besatzungsleistungen, 20. Mai 1948.
59 Bibliothek des Deutschen Bundestags, Bulletin Officiel, 7. Verfügung Nr. 27 über die Hopfensperre, 15. Januar 1946.
60 LAB C Rep. 2365, Quittung, Bezirksamt Steglitz vom 26. Juni 1945.
61 LAB, F Rep. 280, 4598, Schreiben des Magistrats an alle Bezirksämter–Ernährungsämter, 9. Januar 1946.
62 Stadtarchiv Friedrichsthal, Lagebericht vom 1. Juni 1945, Nr. 297.
63 Stadtarchiv Marburg, Reasons on account of which the disinclination to the American Military Government increases, 7. November 1945.
64 Stadtarchiv Marburg, Bericht des Wohnungsamtes an den Oberbürgermeister, 20. August 1945.
65 LAB, F Rep. 280, 2415, Bekanntmachung, 27. Juni 1945.
66 Bibliothek des Deutschen Bundestags, Journal Officiel du Commandement en Chef Français, Verordnung Nr. 27, Baden-Baden, 22. Dezember 1945.
67 Bibliothek des Deutschen Bundestags, Bulletin Officiel, 4. Verordnung Nr. 8 zur Regelung der Jagdausübung im französischen Besetzungsgebiet, 1. November 1945.
68 STAF, C 5/1, Nr. 549, Landesforstamt Freiburg, Schwarzwildabschuss im Jagdjahr 1948/49, 4. Januar 1949.
69 STAF, C 5/1, Nr. 549, Schreiben der Militärregierung an den badischen Staatspräsidenten, 30. November 1948.
70 STAF, C 5/1, Nr. 549, Schreiben der Badischen Landesregierung an die französische Militärregierung, Bekämpfung der Schwarzwildplage, 24. Juni 1949.
71 STAF, C 5/1 Nr. 549, Schreiben des Landrats Überlingen an das Innenministerium Freiburg, Leihgabe von Jagdwaffen zur Schwarzwildbekämpfung, 22. März 1949.
72 STAF, C 5/1 Nr. 549, Vermerk des Referates 5 des Innenministeriums Freiburg, 12. Juli 1948.
73 STAF, C 5/1, Schreiben des badischen Landwirtschaftsministeriums an die Staatskanzlei, Mitnutzungsrecht der Besatzung in der Fischerei, 3. November 1950.
74 Chronik der Gemeinde Alsdorf.
75 LAB, F Rep. 12279, BK/O/ (45) 124, »Betr.: Brot«, 24. September 1945.
76 LAB, F Rep. 280, 7241, Befehl des Chefs der Garnison und Militärkommandant der Stadt Berlin, Abt. f. Handel u. Beschaffungen, 1. Februar 1947.
77 LAB, F Rep. 280, BK/O (45) 236, 30. November 1945.
78 Thüringisches Hauptstaatsarchiv Weimar, BMP Nr. 253.
79 LAB, F Rep. 12394, BK/O (45) 261, »Betrifft: Freigabe von Getreide zur Rattenbekämpfung«, 12. Dezember 1945.
80 LAB, F Rep. 280, 6661, Anordnung der Allied Kommandantur Berlin, BK/ O (45) 58, 5. September 1945.
81 LAB, F Rep. 280, 4765, Selbstverwaltung, Betr.: Bürgermeisterbesprechungen vom 11., 12., 13. und 14.6.1945, 20. Juni 1945.
82 Ebd.
83 LAB, F Rep. 280, 4679, Befehl Nr. 59 des obersten Chefs d. sow. Militärverwaltung, Über die Vorarbeiten an Wohnhäusern und öffentl. Gebäuden zum Winter in der sowj. Zone Groß-Berlins, 11. September 1945.
84 LAB, F Rep. 280, 4567, Magistrat der Stadt Berlin, Beschaffung von Verpackungsmaterial, 29. September 1945.
85 LAB, F Rep. 280, Film 22, Befehl Nr. 174 zwecks Ausführung von Arbeiten in dem von Sowjettruppen besetzten deutschen Gebiet, 22. Dezember 1945.
86 LAB, F Rep. 280, 12230, Befehl BK/O (45) 66, Tragen und Färben von militärischen Uniformen, 10. September 1945.
87 Bibliothek des Deutschen Bundestags, Bulletin Officiel, 21. November 1945, Verordnung Nr. 10 über das Tragen und den Besitz deutscher Uniformen, 24. Oktober 1945.

88 STAF, C 5/1, Nr. 2344, Note für Herrn Koenig, Kontrolleur der Sureté, 13. April 1948.
89 STAF, C 5/1, Nr. 2344, Schreiben der französischen Militärregierung an den Polizeidirektor beim badischen Ministerium des Innern, 17. April 1948.
90 STAF, C 5/1, Nr. 2344, Schreiben der französischen Militärregierung an den badischen Staatspräsidenten, Betr.: Färben von Khakikleidung, 20. Juli 1948.
91 STAF, C 5/1, Nr. 299, Städtisches Wohlfahrtsamt, Empfangsbestätigung, 14. Juli 1950.
92 Paul Markgraf war KPD-Mitglied und ehemaliger Wehrmachtsoffizier und 1945 von der sowjetischen Besatzungsmacht als Berliner Polizeipräsident eingesetzt worden. 1948 suspendierten ihn die Westmächte für die drei West-Berliner Sektoren. Ost-Berliner Polizeipräsident blieb Markgraf bis 1962.
93 LAB, F Rep. 280, 2345, Schreiben des Beauftragten für die Bekleidungsindustrie, 21. Juli 1945.
94 LAB, C Rep. Anweisung: An alle Herren Abschnittsbürgermeister vom 31. Mai 1945.
95 LAB, F Rep. 280, 2251, Rundschreiben des Bezirksbürgermeisters Wedding, Kulturamt, an alle Straßenobleute, 31. Mai 1945.
96 LAB, F Rep. 280, 2441, Schreiben des Abschnittsbürgermeisters V, An sämtliche Blockobleute zur Weiterleitung an alle Hausobleute, 3. Juni 1945.
97 LAB, F Rep. 280, 12454, BK/O (46) 22, 10. Januar 1946.
98 Amtsblatt der britischen Militärregierung, Nr. 15, Schifffahrtsbefehl vom 5. November 1946.
99 Gesetz Nr. 39 des Alliierten Kontrollrats, Erkennungsflagge, welche deutsche und ehemals deutsche Schiffe zu führen haben, die der Alliierten Kontrollbehörde unterstehen, 12. November 1946, Amtsblatt des französischen Oberkommandos, Nr. 46.
100 LAB, F Rep. 280, 2442, Schreiben des Abschnittsbürgermeisters V, An sämtliche Blockobleute, 4. Juni 1945.
101 Military Government Gazette, 13. Oktober 1945, zitiert in: Infrastruktur und Gesellschaft im zerstörten Deutschland, Bundeszentrale für politische Bildung, 1977.
102 LAB, F Rep. 280, 2247, Bericht über die Sitzung beim Kommandanten Muschkin, 4. Juni 1945.
103 Ebd.
104 LAB, F Rep. 280, 4734, Anweisung an die Straßenobmänner, Nr. 3, 16. Mai 1945.
105 LAB, F Rep. 280, 4738, Anweisung an die Straßenobleute Nr. 13, 24. Mai 1945.
106 LAB, F Rep. 280, 2334, Flugblatt des Arbeitsamtes Steglitz, Juni 1945.
107 Staatsarchiv Ludwigsburg, Military Government Gazette, 11. August 1945.
108 Der Berliner, 22. Januar 1946.
109 LAB, F Rep. 280, 6751, Schreiben der Interalliierten Kommandantur der Stadt Berlin an den Magistrat, Abt. für Gesundheitswesen, 9. April 1946.
110 LAB, C Rep. 303-09, Nr. 075, Schreiben des Berliner Polizeipräsidenten an Generaloberst Serow, »Betr.: Holzbedarf zur Herstellung von Straßen- und Verkehrsschildern«, 5. Oktober 1945.
111 Thüringisches Hauptarchiv Weimar, BMP, Nr. 253, Das Landesamt für Verkehr über die Benutzung von Autobahnen, 12. Juli 1946.
112 Bibliothek des Deutschen Bundestages, Gazette Officielle, 14. Juni 1945, Ausstellung der Passierscheine, Verkehr im Kreis des Wohnsitzes.
113 Bibliothek des Deutschen Bundestags, Gesetzliche Vorschriften der amerikanischen Militärregierung in Deutschland, Ausgabe B, 1. Dezember 1946, Verordnung Nr. 9.
114 Stadtarchiv Augsburg, Regierung Schwaben, 17442, Wochenberichte der Polizeidirektion Augsburg über Sicherheitsstörungen im Oktober und November 1945.
115 Schwäbische Landeszeitung, 20. Dezember 1946; ausführlich behandelt in: Gerhard Fürmetz, Polizei und Verkehrsdisziplin in Bayern, veröffentlicht

in: Nachkriegspolizei: Forum Zeitgeschichte, Band 10, Ergebnisse Verlag, Hamburg 2001.

116 Stadtarchiv Ingolstadt, A IV/3/, Dienstanweisung Nr. 104 des Polizeichefs von Ingolstadt, 28. Dezember 1945

117 Dahrendorf im Rundbrief seines Semesters in Wilton Park, veröffentlicht in: von Plato/Leh (Hg.), Ein unglaublicher Frühling, Bundeszentrale für politische Bildung, Bonn 1997.

118 LAB, C Rep. 303-09, Nr. 75, Der Polizeipräsident in Berlin, Berichtsvorlage für das Sub-Committee, 23. April 1946.

119 Ebd.

120 Ebd.

121 LAB, C Rep. 303-09, Nr. 75, Schreiben des Polizeipräsidenten an die Sowjetische Militäradministration, Herrn Nossow, 17. Juli 1946.

122 LAB, C Rep. 303-09, Nr. 073, Schreiben des Polizeipräsidenten von Berlin an die Alliierte Stadtkommandantur, Betr.: Berliner weibliche Schutzpolizei, 25. Juni 1947.

123 LAB, C Rep. 303-09, Nr. 073, Schreiben 1/11/11/9 Public Safety Branch, HQ Military Government, British Troops Berlin, an den Berliner Polizeipräsidenten.

124 LAB, C Rep. 303-09, Nr. 073, Schreiben an das Berliner Polizeipräsidium, 10. Dezember 1947.

125 LAB, C Rep. 303-09, Nr. 073, Erfahrungsbericht, 7. Januar 1946.

126 LAB, C Rep. 303-09, Nr. 073, Schreiben der Abteilung Verkehrswesen des Berliner Polizeipräsidiums an die Schutzpolizei, 9. Januar 1946.

127 LAS, Akten der Staatsanwaltschaft; zitiert in: Von der ›Stunde 0‹ zum ›Tag X‹; Das Saarland 1945–59, Regionalgeschichtliches Museum Saarbrücken 1990.

128 Thüringisches Hauptstaatsarchiv Weimar, BMP, Nr. 1679, Entwurf des Landesamtes für Arbeit und Sozialfürsorge Thüringen, 22. August 1946.

129 LAB, F Rep. 280, 7239, Vermerk des Direktors der BEREK, 27. Mai 1946.

130 Bulletin Officiel, 6. Dezember 1945, 2. Verfügung Nr. 15 des Generalverwalters über die Organisation künstlerischer Veranstaltungen.

131 STAF, C 15/1, Nr. 1301, Badisches Innenministerium, Schreiben an den Bürgermeister der Stadt Offenburg, Vergnügungssteuer des Mittelbadischen Theaters in Offenburg, 22. April 1948.

132 LAB, Rep. 101, Anordnung Nr. 221 der Alliierten Kommandantura, Betr. Sport-Organisationen in Berlin, 19. November 1945.

133 Amtsblatt des Kontrollrats Nr. 2, Gesetz Nr. 8 des Alliierten Kontrollrats, Ausschaltung und Verbot der militärischen Ausbildung, 30. November 1945.

134 STAF, C 15/1, Badisches Ministerium des Innern, Fastnachtsveranstaltungen 1948, 19. Januar 1948.

135 LAS, Reg. Präs. Nr. 24, Schreiben des Regierungspräsidenten an alle Landräte und den Oberbürgermeister Saarbrücken, Kinobesuch durch Jugendliche, 16. Juli 1946.

136 Zit. nach: Die Konferenzen von Malta und Jalta, Düsseldorf, o. J.

137 Zit. nach: Die Konferenzen von Malta und Jalta, Düsseldorf, o. J.

138 Ebd. Das Protokoll wurde am 11. Februar 1945 gebilligt und unterzeichnet.

139 Amtsblatt des Alliierten Kontrollrats in Deutschland, Ergänzungsblatt Nr. 1.